New Version対応

新TOEIC® TEST リーディング問題集

成重 寿 著

Jリサーチ出版

TOEIC is a registered trademark of Educational Testing Service（ETS）.
This publication is not endorsed or approved by ETS.

はじめに

■ Part 7 に特化した問題集

　TOEICはビジネスパーソンの英語力を計るスタンダードとして定着した観があります。企業における国際業務のため、昇格のため、就職を控えて、また自分の英語力の伸びを確認するため、その理由はさまざまですが、受験者の数は年々増加の一途をたどっています。

　TOEICを一度でも受験した方なら、このテストの難関が、リスニング・セクションならPart 3とPart 4、リーディング・セクションであればPart 7であることがお分かりのことと思います。とりわけ、高得点を目指す受験者には、この3つパートを攻略して、誤答をいかに少なく押さえるかが大きなテーマとなるはずです。

　本書はリーディング・セクションの最難関Part 7のみに焦点を当てて、効果的な演習ができるように作成された問題集です。

■「48問・48分」が解答の基本戦略

　Part 7は、まさに時間との戦いと言えます。英語の運用力、語彙力、読解スピードなど、総合力が求められるごまかしの利かないパートです。リーディング・セクションの解答時間は75分ですが、時間配分に失敗すると、かなり力のある受験者でも最後まで解ききれないことがあります。

　Part 5の短文空欄補充問題（40問）とPart 6の長文空所補充問題（12問）を1問30秒のペース（計26分）で解き、残り49分をPart 7に投入することが、リーディング・セクション完答の基本的な戦略です。Part 7は11〜14題の文章が出題され、設問数は計48問です。そこで、設問1問を1分（→計48分）で解いていくことが解答スピードの目安となるでしょう。

■ 解答のコツをつかむ、語彙力を増強する

　本書は、設問数48問の模擬テストを4セット収録しています。解答時間を48分に制限して、演習を積むことによって、解答の要領や時間配分のコツをつかむことができます。

　各問題文には「難易度（★〜★★★）」を表示しているほか、問題の途中に「残り時間」を示して、解答ペースがつかめるようにしました。

　「正解と解説」ページでは、解答プロセスが理解できる詳しい解説のほか、「ボキャブラリー」コーナーを設けて語彙の復習ができるようにしました。テーマ別のボキャブラリー・コラムも収録しましたので、扱う語彙数は1,000語になります。しっかり復習をして、解答のコツを体得するとともに、基礎語彙力の向上を図ってください。

　なお、本書は、姉妹書である『新TOEIC TESTリーディング スピードマスター』の実践演習書として、ややトリッキーな設問や高度な語彙が登場する問題も収録しています。本書で練習を重ねれば、気分的にも余裕を持って本番の試験に臨めるでしょう。

　読者の皆さんのスコアアップに本書が少しでもお役に立てるなら幸いです。

成重　寿

CONTENTS

はじめに 2
48分で完答──「速読速解法」でPart 7を攻略しよう . . . 6
本書の利用法 12

模擬テスト1 15
　　問題 16
　　正解と解説 42

模擬テスト2 77
　　問題 78
　　正解と解説 102

模擬テスト3 133
　　問題 134
　　正解と解説 158

模擬テスト4 193
　　問題 194
　　正解と解説 218

Tips 1 ボキャブラリーのフォーカス 76
Tips 2 速読速解法のポイント 132
Tips 3 パラフレーズのパターン 192

VOCABULARY COLUMN

#	項目	ページ
1	自動車	45
2	家電製品	53
3	営業・販売	57
4	会社	62
5	企業業績	62
6	買い物	75
7	開発・製造	75
8	コンピュータ	105
9	リサイクル	107
10	法律	111
11	ヘルスケア	115
12	政治・行政	159
13	住宅	163
14	インターネット・通信	167
15	賃金制度	169
16	契約	175
17	経営	178
18	求人・人事	191
19	教育	191
20	役職	221
21	旅行	227
22	テクノロジー	238
23	お金	238
24	裁判・犯罪	245
25	株式	252
26	景気	253

「速読速解法」でPart 7を攻略しよう

48問 48分

Part 7完答にはいくつかの戦略が必要になる。
模擬テストでの実践練習に入る前に、
どんな戦略を使って解けばいいかを頭に入れておこう。

　Part 7はTOEICリーディング・セクションの最難関です。
　11〜14題の英文を読み込み、48の設問に答えていかなければなりません。このうち4題は2つの文章を相互参照しながら解く「ダブルパッセージ」です。文章の素材はビジネスや社会生活で目にするものばかりですが、中には比較的長い文章や少し高度なボキャブラリーを含むものもあります。
　こうしたPart 7を最後まで解答するためには、時間配分が大きなファクターとなります。**Part 5とPart 6の計52問を26分（1問30秒）で解答するとして、残された時間は49分。ここから逆算すると、Part 7は48の設問がありますから、48分を目安に解答していくのがいい**でしょう。
　完答のためには、一字一句を正確に理解していく学校英語でおなじみの訳読では対応できません。**すばやく全体に目を通して、必要な情報を検索するという、速読速解法で臨むことが大切です**。同時に、Part 7にはさまざまなスタイルの文章が出題されるので、主要な文章スタイルの特徴をつかんでおくことも有効です。初・中級者——TOEICのスコアで言うなら730点以下の学習者は語彙力増強も大きな

学習テーマだと言えます。未知語につっかえているようでは、速く読むことは不可能だからです。

▶速読速解法の基本を身につける

　Part 7攻略のためには、いくつかのテクニックやコツをつかんでおくと有利です。例えば、問題文のテーマや種類などを問う設問に対しては、**「タイトルや文章の冒頭部分を読めばすばやくポイントをつかめる」**可能性が高いと言えます。

　また、問題文中の表現が、設問や選択肢では別の表現に言い換えられていることが多いので、**「パラフレーズに注意する」**こともミスを防止する有効な対策となります。

　読むスピードそのものが不足していると感じる人は、**「後戻りせずに英語の語順で理解する練習」**をしておくことをお勧めします。これには音声を流しながら、音声のスピードで一定の長さの英文を読み下していく練習が効果的です。ナチュラルスピードに近い音声スピード（1分間180〜200語）で読むことができれば、Part 7に十分対応できる読解スピードと言えるでしょう。

　それから、ややテクニックに傾斜しますが、長い問題や難解な問題、ダブルパッセージ、また時間が足りなくなってきた際には、**「設問を読んで求める情報を押さえてから、問題文を読む」**という「設問先読み法」も時間短縮に有効な手だてです。こうしたコツを8〜9ページに一覧にまとめましたので、参考にしてください。

▶文章スタイルに習熟する

　Part 7には、**さまざまな種類の文章が出題されるので、そのスタイルの特徴を押さえておくことも有効です。**

　例えば、電子メールや手紙なら、時候のあいさつで始まる日本語のものと異なり、本文の冒頭に用件が明示されます。また、RE（件名）から内容を推し量ることが可能な場合もあります。相手に何らかのアクションを促す要請は、末尾近くに書かれるのが一般的です。だれがだれに向かって書いているのか、「差出人」や「受取人」の情報をしっ

速読速解の5つのテクニック

① トピック・センテンスをつかめ

パラグラフや文章の冒頭にあるテーマを含む文がトピック・センテンスだ。トピック・センテンスを読めば、問題文のメッセージを把握し、概要を予測できる。タイトルがあれば、それも一緒に読もう。

② 設問文を先に読んで、ピンポイントで情報を探せ

設問を先に読めば、求める情報が特定できる。その情報を問題文中で検索しよう。時間を短縮するには最も有効な方法である。

③ パラフレーズ攻略が完答のカギだ

問題文と設問・選択肢間の表現の言い換え(パラフレーズ)に注意しよう。正解の選択肢では表現が変わっていることがほとんどである。

④ 英語の語順で読み、素早く大意をつかめ

英語の語順で数語ずつ意味をつかんでいこう。後戻りする訳読ではPart 7に対応できない。読むスピードそのものを高めれば、余裕を持って問題に取り組める。

⑤ ビジネス語彙を攻略せよ

知らない言葉が少ないほど、確実に速く読める。特にPart 7で重視すべきは、オフィスや業務で使われるビジネスの基本語彙。問題文のキーワードになっていることも多く、ビジネス語彙の知識が足りない人は、必須の学習ポイントとなる。

かり押さえて読むと、容易に全体が理解できるようになります。

　アンケート書式や表などの「フォーム」の形式では、情報の一部のみが設問の対象となることがあります。つまり、初めから全部に目を通すよりも、まず設問を読んで必要情報を絞り込み、問題文に当たったほうが時間の節約になります。不要な部分は読まなくてもいいからです。

 設問の1つは文章のメッセージやテーマを問うことが多い。広告など、修辞的な文章で始まる場合には、トピック・センテンスが冒頭にこないこともある。第2〜第4文まで読む必要があることも。

 アンケート書式や表、難しい文章を解く場合、また時間が足りなくなったときにも有効。ただし、正解を選ぶ際には慎重に。ひっかけの選択肢にろう絡されないようにしたい。

 パラフレーズの種類には、「品詞が変わる（派生語が使われる）」、「類義語が使われる」、「文構造そのものが変わる」、「要素の数が変わる（問題文中に3個列挙された要素のうち、正解選択肢では2個のみが使われる）」、「表現法が変わる（問題文中：two weeks→正解選択肢：fourteen days）」などがある。

 音声に合わせて、前から後ろに理解していく練習が効果的。また、時間を制限して読む訓練を繰り返すことも有効だ。

 ビジネス語彙はジャンルごとにまとめて覚えていくのが効率的。本書では、問題文のジャンルに合わせて、語注のほか必要な追加語彙をミニコラムで紹介してある。ビジネス語彙は数が限られており、実際の業務でも使うものが大半なので、しっかり覚えておきたい。

　11ページに、「電子メール・手紙」、「広告」、「告知・案内・説明書」、「記事・リポート」、「フォーム（書式）」という5つの文章スタイル別の特徴と対策を簡略に紹介しましたので、参考にしてください。

▶ ボキャブラリーは速読の大前提

　速読で意外に大きなウエートを占めるのがボキャブラリーです。800点を超えるスコアの人には、さほど関係ないと思いますが、初・中級の学習者の場合には、基礎的な語彙をしっかりマスターしておくことが、そのままリーディングスピードの向上につながります。未知語が多少あっても、前後から類推できることはもちろんあります。しかし、TOEICのPart 7の場合には、比較的短い文章が中心で、前後から類推不能というケースが多いと言えます。もし、未知語がその文章のキーワードやそれに準じる言葉だった場合には、その意味を知らないと解けないことがあります。Part 7を完答して、誤答を極少にするには語彙力は必須と言えるのです。

　本書は語彙力増強を目的としたものではありませんが、解説ページではできるかぎり多くの表現を語注として紹介しました（頻出語は太字で表示）。また、問題文によっては、その分野に対応する語彙のミニコラムも設けてあります。語注とミニコラムだけで1,000語を学習することができます。

　TOEIC攻略のための効果的な語彙増強法は、
　１）基本的なビジネス語彙を身につける
　２）頻出の動詞・形容詞・抽象名詞の用法を覚える
ことが基本と言えるでしょう。

　１）のビジネス語彙は業務や分野などジャンル別に覚えるのが効率的です。２）の動詞・形容詞・名詞は「派生語」「類義語・反意語」を一緒に覚えるのがコツです。重要なものは「語法」にも注意を払っておけば、Part 5やPart 6にも役立ちます。

　　　　　　　　　　＊　　　＊　　　＊

　Part 7を制するには、集中力を維持しながら次々に問題をこなしていかなければなりません。そのためには、1回分のセットを連続して解答していく練習が有効です。48の設問を全問解答するための時間配分のコツを本書の模擬テストでつかんでいただければと思います。

Part 7に頻出する5つの文章スタイル

❶ 電子メール・手紙
[種　　類] 社内メモ／取引・交渉／クレーム／感謝状／招待状　etc.
[ポイント] まず差出人と受取人の関係を把握。差出人のメッセージと受取人に求めるアクションを読み取る。

❷ 広告
[種　　類] 商品広告／不動産広告／セールのちらし／求人広告　etc.
[ポイント] 広告の対象をつかむ。価格や値引きの特典に注意。求人広告では独特な表現が使われる。

❸ 告知・案内・説明書
[種　　類] 説明書／インボイス／掲示／督促状／政府広告／天気予報　etc.
[ポイント] ストレートな文章で内容把握は比較的容易。個条書き部分は設問のターゲット。請求書など金銭関連と株価情報などは表現に注意。

❹ 記事・リポート
[種　　類] 新聞記事／雑誌記事／投資家リポート　etc.
[ポイント] トピック・センテンスを見つければテーマが分かる。話の流れを理解しよう。時事用語は基本的なもので十分。

❺ フォーム（書式）
[種　　類] 申込書／願書／アンケート／一覧表／グラフ　etc.
[ポイント] 設問文を先に読むのが得策。情報をサーチする読み方で攻略しよう。付属の説明文に解答のカギがあることも。

※本書の模擬テストは、上記5ジャンルのバランスを考慮して問題が作成されています。

本書の利用法

本書はTOEICのPart 7の実践練習を目的とした問題集です。本番と同じ48の設問から成る「模擬テスト」4セットで構成されています。すべての設問に解答できるように、時間を48分に制限してトライしてみましょう。

模擬テスト＞問題

◎**難易度**：★の数で表します。

基礎 ★　　　標準 ★★　　　高度 ★★★

◎**残り時間**：砂時計のアイコンで「残り時間」を表示します。

48min.　　　20min.　　　10min.

模擬テスト＞正解と解説

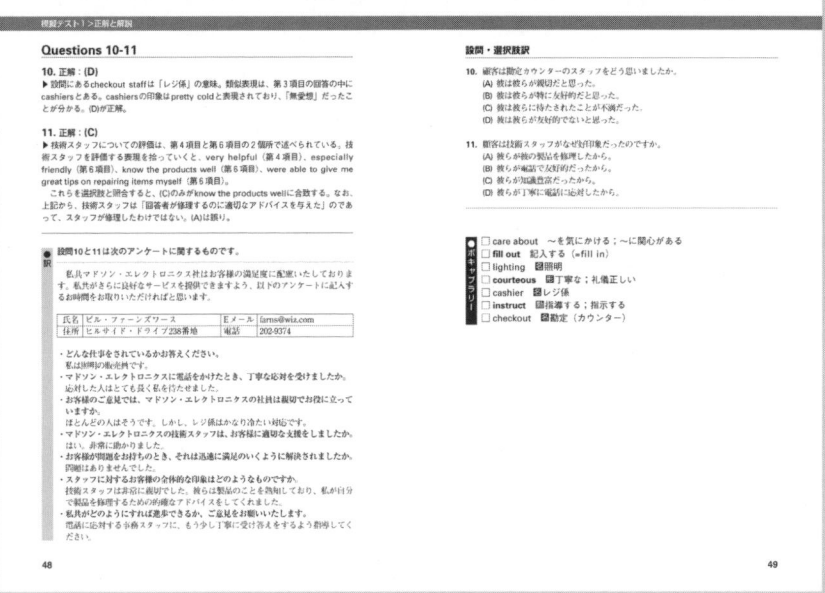

◎**正解と解説**：解答プロセスが理解できるように詳しい解説を加えました。

◎**落とし穴**：注意すべき解答のコツやポイントを示します。

◎**訳**：問題文の全訳。

◎**設問・選択肢訳**：設問と選択肢訳も全訳を掲載します。

◎**ボキャブラリー**：重要語彙をピックアップしました。頻出語彙は太字で表示されています。

◎**COLUMN**：テーマ別に頻出語彙をまとめました。知らない単語・イディオムをチェックして、覚えてしまいましょう。全部で26のコラムがあります。

模擬テスト1

1回目の模擬テストに挑戦しましょう。
問題数は本試験と同じ48問です。
すべてを解ききる練習のため48分で解答しましょう。
砂時計で「残り時間」を表示します。

制限時間 48分

問　　題　☞16ページ
正解と解説　☞42ページ

模擬テスト1＞問題

★★ **Questions 1-3** refer to the following advertisement.

Are you tired of constantly paying high prices to add features to your computer and protect it from viruses? Buy an ACM computer, and you can forget about paying outrageous prices for added features. All ACM 714 premium desktops contain the following features:

  *Digital camera
  *Digital movie camera
  *Educational and reference software
  *Games
  *Voice recognition software
  *Sound and video editing software
  *Advanced multimedia
  *Virus protection software

Order an ACM 714 desktop today and get a $500 rebate. (limited time only)
Save money and protect your PC from viruses.
All desktops come with a 5-year warranty.

1. Who is this ad targeting?
   (A) People that want more for their money in a computer
   (B) People that want a new laptop computer
   (C) People that want to pay $500 for a desktop
   (D) People that don't want a computer with a lot of software

2. What is one of the things that you can do with an ACM 714?
   (A) Make a computer game
   (B) Record, edit and burn a CD
   (C) Shoot and edit a movie
   (D) Create virus protection software

3. What can a customer get for a limited time only?
   (A) A $500 charge on her credit cards
   (B) A $500 fee for maintenance
   (C) A $500 check if her computer breaks down
   (D) A $500 refund on her purchase

GO ON TO THE NEXT PAGE.

Questions 4-5 refer to the following notice.

Notice to Consumers

The following warning was issued today by the Department of Transportation for owners of passenger cars equipped with side air bags:

Side air bags have proven to be safe for adults in automobile crashes. However, children may be at risk of serious or fatal injury if the child is seated near the air bag. When purchasing a vehicle, consumers should be aware of these dangers and ask the manufacturer for a full explanation of the risks involved with the all air bags. For their safety, children should always sit in the rear seat with the proper restraint, but the side air bags in the rear seats pose a threat to them.
All consumers should ask to have the side rear air bags deactivated regardless of whether they have child passengers or not. It is the responsibility of the manufacturer to deactivate these bags. For more information, contact the Department of Transportation at 213-9310-8256.

4. Who is this notice directed at?
   (A) Drivers of large trucks
   (B) Drivers with small children only
   (C) Drivers that have no children
   (D) Drivers of passenger cars

5. What should consumers do when they buy a car?
   (A) Contact the Department of Transportation immediately
   (B) Restrain their children in the front seat
   (C) Inquire about the dangers of air bags
   (D) Uninstall all air bags

★★ Questions 6-9 refer to the following letter.

Listle Inc.
7892 First Blvd.
Boston, MA 68301
(810) 690-4769

June 5

Letter of Recommendation for Mr. Gerald Hughes

To Whom It May Concern:

    Gerald worked under my supervision as a regional sales representative for two years. He had many different duties during that period related to sales and marketing of our soft drink line. His responsibilities included conducting research of the market, visiting vendors, checking displays and taking care of our accounts on the West Coast. Mr. Hughes has been a valuable asset to our corporation thus far.

    Because of the competence Mr. Hughes has shown in performing his duties, I believe that he can successfully and satisfactorily complete any task placed before him. It is for his reason that I would strongly recommend him for any marketing or sales director position.

Best regards,

Julia Sutherland
Sales and Marketing Manager

6. What kind of company did Mr. Hughes work for?
   (A) A company that sells pillows
   (B) A company that makes display units
   (C) A company that makes beverages
   (D) A company that makes vending machines

7. What is one of the duties Mr. Hughes had at Listle Inc.?
   (A) He displayed his assets.
   (B) He analyzed the buying market.
   (C) He shopped at the market.
   (D) He conducted a search for a supermarket.

8. What does Ms. Sutherland think Mr. Hughes can do?
   (A) Compete in a race
   (B) Perform his duties well
   (C) Perform at the theater
   (D) Compete with her

9. What kind of recommendation does Ms. Sutherland give Mr. Hughes?
   (A) A cautious one
   (B) A weak one
   (C) A mediocre one
   (D) A high one

GO ON TO THE NEXT PAGE.

Questions 10-11 refer to the following questionnaire.

At Madson Electronics, we care about our customers' satisfaction. Please take a moment to fill out the following questionnaire so that we may better serve you.

Name	Bill Farnsworth	E-mail	farns@wiz.com
Address	238 Hillside Drive	Phone	202-9374

Tell us what you do:
I am a lighting salesperson.

When you called Madson Electronics, were you treated in a courteous manner?
The person that answered put me on hold for too long.

In your opinion, are Madson Electronics' employees friendly and helpful?
Most of them. The cashiers, however, were pretty cold.

Did the Madson Electronics' technical staff give you the proper support?
Yes. They were very helpful.

If you had a problem, was it resolved in a quick and satisfactory manner?
I didn't have a problem.

What was your overall impression on the staff?
The tech staff was especially friendly. They know the products well, and were able to give me great tips on repairing items myself.

Do you have any suggestions about how we can improve?
Instruct the clerks that answer the phone to be a bit more courteous.

10. What did the customer think of the checkout staff?
    (A) He thought they were helpful.
    (B) He thought they were especially friendly.
    (C) He was unhappy that they made him wait.
    (D) He thought that they were unfriendly.

    Ⓐ Ⓑ Ⓒ Ⓓ

11. Why did the customer like the tech staff?
    (A) They repaired his item.
    (B) They were friendly on the phone.
    (C) They were knowledgeable.
    (D) They answered the phone in a courteous manner.

    Ⓐ Ⓑ Ⓒ Ⓓ

GO ON TO THE NEXT PAGE.

Questions 12-14 refer to the following classified ad.

> **FOR SALE**
>
> **A gorgeous 2000 Aston Martin DB7 Volante with a 12-cylinder engine and automatic transmission.**
> This car is absolutely stunning and has silver paint and a plush leather interior. The leather is in fantastic shape with very minimal wear. There are no dings and dents on the exterior. This beautiful car has only 10,739 miles on it and is being sold by its original owner. It has good brakes and excellent steering. Features include: air conditioning, power steering, power windows and mirrors, stereo and much more. Please contact Ronald Parnio at 303-8965-1109, for the price and any further information.

12. What kind of damage does the body of the car have?
    (A) A few dents
    (B) None
    (C) Chips in the paint
    (D) Some dings on the hood

    Ⓐ Ⓑ Ⓒ Ⓓ

13. Who is selling this car?
    (A) The owner's son
    (B) The third owner of the car
    (C) A new car dealer
    (D) The person that bought it

14. What is listed as one of the features of the car?
    (A) Four-wheel drive
    (B) A stick shift
    (C) Automatic windows
    (D) Heated seats

★★ **Questions 15-16** refer to the following manual.

> ### Thank you for purchasing the E-walk Personal Navigator
>
> This navigator generates radio frequency energy, and if it is not used in accordance with the instructions, can receive interference from other radio communications. If interference with radio or TV signals occurs, please distance the receiver from the interfering signal, adjust the antenna, or connect the receiver in a different outlet. There are no parts that can be serviced by those who are not experienced technicians. Unauthorized repairs will result in permanent damage to the navigator. Repairs should only be done at one of our authorized service centers.

15. What should the user do if the navigator interferes with other signals?
    (A) Buy a new antenna
    (B) Keep it away from the interfering signal
    (C) Sell the navigator
    (D) Many of them are working overtime

16. What should a user do if the navigator breaks?
    (A) Take it to the service center
    (B) Take it to the authorities
    (C) Repair it by himself
    (D) Distance the receiver from other signals

GO ON TO THE NEXT PAGE.

Questions 17-19 refer to the following form.

PlanTech Preferred Customer Loan Application

This is your application for the PlanTech Preferred Customer Loan, which offers the following loan benefits: No Payments for 90 days; 0% APR for 6 months.
This loan is only available to customers of PlanTech and can only be used toward purchases of PlanTech products. PlanTech will run a credit check with First Rate Credit Services. This loan will only be approved if the applicant has a good credit rating. The applicant must also be 21 years of age to enter into this binding agreement.

Personal Information

Name   (first, middle initial, last)

Address

City

State and zip code

Phone number
(   )

E-mail address

Social security number

Date of birth (mm/dd/yyyy)
     /   /

Employment Information

Current employer

Work number   Ext.
(   )

Driver's license number

I hereby verify that the above information is true and correct, and give First Rate Credit Services full permission to investigate my credit background.

Signature:

Date:

17. What is the purpose of this form?
   (A) To allow customers to apply for a loan
   (B) To check the applicant's credit
   (C) To allow the customer to receive a credit card
   (D) To check the amount of money the customer has

18. What will determine whether an applicant can get a loan or not?
   (A) The type of product they buy
   (B) The number of products they buy
   (C) Their credit report
   (D) Their employer's name

19. What must the applicant promise upon signing the agreement?
   (A) That they will not buy a rival company's product
   (B) That they are under 21 years old
   (C) That the information they gave is true
   (D) That they have enough money to pay the rent

Ⓐ Ⓑ Ⓒ Ⓓ

GO ON TO THE NEXT PAGE.

Questions 20-21 refer to the following wanted ad.

Sales Representative Wanted

A talented and highly motivated salesperson wanted to sell restaurant equipment. Must be experienced at making cold calls, and good presentation and closing skills are required.

Responsibilities include servicing existing clients as well as establishing a new clientele.

We offer extensive training, while providing base salary plus commission. Additional benefits include medical and dental insurance, car allowance, paid expenses and the opportunity for promotion.

Interested candidates should fax or e-mail a cover letter, résumé and base salary requirements to: Harrison Restaurant Supply Attn: HR
Fax: 594-067-4983   E-mail: info@harrisons.com

20. What is one of the requirements of the position?
    (A) The person must have the right clothes.
    (B) The person must have the proper college degree.
    (C) The person must have experience calling on new clients.
    (D) The person must be able to train others to sell.

21. What is listed as one of the benefits of the job?
    (A) A chance to move up in the company
    (B) A brand-new car
    (C) Life and car insurance
    (D) Medical training

Questions 22-24 refer to the following information.

Privacy Notice

Before shopping at Gifts4U.com, please read our policy regarding your privacy.

Gifts4U Promotions: Gifts4U has agreements with other companies that require us to send their promotional offers to our own customers. We will not give these companies our customers' names or addresses. If you do not want to receive these promotional offers, please contact our consumer affairs department at consaffaisr@gifts4U.com.

Subsidiaries: Gifts4U has a number of subsidiary companies, such as Flowers4U and Toys4U. We also are continuing to expand our businesses. Information on our customers will be shared with our subsidiaries as well as any future companies that we will acquire or create. In the event that another firm acquires us, information on our customers will be transferred. Customers that do not wish to have their information shared or transferred are asked to contact the aforementioned address.

22. What does Gifts4U do on behalf of other companies?
    (A) Sends its customers to rival sites
    (B) Gives them its customers' information
    (C) Sells them its customer list
    (D) Sends their ads to its own customers

23. What should customers do if they do not want to receive promotional offers?
    (A) Hope that another firm takes over
    (B) Send an e-mail message to the consumer affairs department
    (C) Contact the company's subsidiaries
    (D) Buy more from Flowers4U

24. What will happen in the case of a company takeover?
    (A) The customers will be taken off any lists.
    (B) The name lists will be destroyed.
    (C) The customers' names will be transferred.
    (D) The customers can sell information on themselves.

GO ON TO THE NEXT PAGE.

Questions 25-28 refer to the following article.

Sentac Group, Inc., (SEN), a publicly held corporation from Texas that provides technology solutions for the healthcare industry, has exceeded analysts' expectations for the first quarter, a representative from the company reported.

Sentac reported that they had a gain of $300,000 the first quarter, and are projecting similar gains for the next quarter.

The company will reportedly be entering the second quarter with a plan to acquire many more contracts from clinics, as well as finalizing existing contracts. This news has boosted investors' confidence.

The first quarter gains were attributed to recently acquired contracts from six clinics. These clinics generate an average of $3 million per year. Sentac will also retain current contracts with hospitals throughout the country, and is expected to pick up a few more as healthcare trends change. More private hospitals want to equip their facilities with the most technologically advanced equipment to keep up with these trends.

"By responding to the needs of the healthcare sector, our company experienced an extremely successful first quarter," commented Sentac CEO, Matthew Sennack. "Our current technology surpasses that of our rivals, and I think that the healthcare community understands this. As long as there is a need to be filled in this sector, Sentac will be on the forefront to fill this need. The health of our nation depends upon it."

25. What did analysts predict would happen to Sentac in the first quarter?
    (A) That they would acquire many more clinics
    (B) That they would have gains of $3 million per year
    (C) That they would have a gain of $300,000
    (D) That they would not realize big gains

    Ⓐ Ⓑ Ⓒ Ⓓ

26. What is the company's plan for the second quarter?
    (A) To terminate existing contracts
    (B) To get more clients to sign up for their services
    (C) To open branches worldwide
    (D) To make $3 million more a year

    Ⓐ Ⓑ Ⓒ Ⓓ

27. What was the cause of the company's first quarter gains?
    (A) They received $3 million a year from six clinics
    (B) They opened up six of their own clinics
    (C) They acquired contracts from six clinics
    (D) The addition of three contacts

    Ⓐ Ⓑ Ⓒ Ⓓ

28. Why is Sentac expected to get more contracts from private hospitals?
    (A) Sentac is the only company that offers healthcare equipment.
    (B) Sentac has lowered its prices for high-tech equipment.
    (C) The hospitals want to change healthcare trends.
    (D) The hospitals want the most modern equipment.

    Ⓐ Ⓑ Ⓒ Ⓓ

GO ON TO THE NEXT PAGE.

Questions 29-33 refer to the following schedule and memo.

SCHEDULE FOR COMPANY PICNIC
Saturday, October 25

11:00–Employees will arrive at the picnic grounds
11:15–Cath Fitzgerald will introduce the new recruits
11:30–Mr. Myers will make an introductory speech
11:45–The new recruits will each give a short introduction
12:30–Lunch
2:00–Games
3:30–Jonas Smith will award prizes
5:00–Clean-up

*will be cancelled in the event of rain

MEMORANDUM

TO: Jonas Smith, PR Department
FROM: Cath Fitzgerald
DATE: October 14
RE: The Company Picnic

As you know, the CEO has scheduled a company picnic next Saturday in order to introduce our newest staff members to everyone in a comfortable setting. He will introduce them during his speech that day.

Thanks for volunteering to help us out. I've made up a schedule of the activities for the day. I would like you to give out the prizes to the game winners. I hope you don't mind this task.

The picnic will be held on the south side of Stanyell Park, as always. John Lehrman and Laura Owens have volunteered to pick up the new recruits and bring them to the park. We would like it if a group from your department could greet them as they arrive.

Please let me know by 3:30 tomorrow the number of people in your department that can attend.

Thanks for your time.

29. What is the purpose of this memo?
    (A) To inform Mr. Smith about the details of the picnic
    (B) To ask Mr. Smith to help with the picnic
    (C) To tell Mr. Smith to attend the picnic
    (D) To announce the types of games they will have

30. Why did Mr. Meyers want to have a company picnic?
    (A) He wanted his family to play games.
    (B) He wanted to meet his employees' families.
    (C) He wanted his new employees to feel comfortable.
    (D) He wanted the new staff members to eat lunch at noon.

31. What did Mr. Smith agree to do?
    (A) Give out prizes to the game winners
    (B) Pick up the new recruits
    (C) Help with the picnic somehow
    (D) Ask people in his department to volunteer

32. Who is the CEO?
    (A) Ms. Fitzgerald
    (B) Mr. Meyers
    (C) Mr. Lehrman
    (D) Ms. Owens

33. What must Mr. Smith do by tomorrow afternoon?
    (A) Inform Ms. Fitzgerald how many employees in his section are going to the picnic
    (B) Tell the people in his department that they must attend the picnic
    (C) Inform Mr. Meyers if any of the staff members in his department will not attend
    (D) Tell his new staff members that the picnic will be cancelled in case of rain

GO ON TO THE NEXT PAGE.

Questions 34-38 refer to the following table and e-mail message.

Weekly Report
Name: David Finch
Title: HR manager
Week: 9/10-17

Task Name	Start Date	Finish Date	Remarks	Total hours
Employee evaluations	9/11	9/14	Three had a poor performance record	9.5
New recruit seminar	9/12	9/13	Two were absent	10
Staffing new department	9/14	9/17	Put off—still looking for four members	8.5
Training	9/10	9/11	Will conduct more sessions due to absences	14
Admin	9/10	9/17	Changed the work schedules to accommodate new staff	17.5

To: David Finch
From: Madan Ganghadar
Subject: Your weekly report

Hi David,

　I looked over your weekly report and it seems like you've had a difficult week. Thanks very much for all your hard work. I would like to clarify a few things on the report.

　The reason why there were a couple of absences from the seminar is that two of the new recruits changed their mind and accepted positions elsewhere. Janice didn't have time to update the new attendance list for you before the seminar. I'm sorry for the inconvenience it may have caused.

　As far as the new department is concerned, we decided to put that on hold for a while. So please don't put any more effort into finding staff.

　And finally, I would like to meet with you to discuss what kind of disciplinary action we should take in regards to the three employees who have turned out poor performance records. I would like to meet you Wednesday after 3:00 if you have time.

　Please let me know by tomorrow morning at the latest.

Regards,
Madan

34. What did Mr. Ganghadar apologize to Mr. Finch for?
    (A) For not preventing the employee absences
    (B) For causing a possible problem
    (C) For not having enough time to write up a new schedule
    (D) For not clarifying the report earlier   Ⓐ Ⓑ Ⓒ Ⓓ

35. Why were there employee absences at the seminar?
    (A) Two of the employees changed their schedules
    (B) A couple of the new recruits were ill.
    (C) Two of the employees changed their mind about the seminar
    (D) A couple of the employees took other jobs
    Ⓐ Ⓑ Ⓒ Ⓓ

36. Why did Mr. Finch change the work schedules?
    (A) He needed to create hours for the new staff.
    (B) He needed to find the new staff hotel accommodations.
    (C) He needed to make time for more training sessions.
    (D) He needed to fire some employees.   Ⓐ Ⓑ Ⓒ Ⓓ

37. Why does Mr. Ganghadar want to meet with Mr. Finch?
    (A) He wants to talk about what to do about disciplinary managers
    (B) He wants to talk about what to do about the company's poor performance.
    (C) He wants to talk about what to do about the employees who don't work well.
    (D) He wants to talk about what to do about employees who are acting strange   Ⓐ Ⓑ Ⓒ Ⓓ

38. When would Mr. Ganghadar like to hear from Mr. Finch?
    (A) Wednesday at 3:00
    (B) The next day before noon
    (C) Tomorrow afternoon
    (D) Wednesday morning   Ⓐ Ⓑ Ⓒ Ⓓ

GO ON TO THE NEXT PAGE

★★ Questions 39-43 refer to the following statement and e-mail message.

INVOICE   **Shipment Date: November 3**

COSMOCARE INC.

Description of articles	**Charges**
Premium make-up kit	$120.00
Tax	6.48
Surcharge	25.00
Total	**$151.48**

Card number 2839-555-0382
Thank you for your payment*

*Payments remitted by credit card will show up on your statement as CosInc. Personal checks are not accepted

Cosmocare Customer Service:
PO Box 39220
Weston, Ind. 72892
service@cosmocare.com
For bill or product inquiries only

To: Julie Kaufmann <jkauff@rol.com>
From: S. Grossman <sgross@cosmocare.com>

Subject: Your inquiry

Dear Ms. Kaufmann,

Thank you very much for your inquiry to our customer service department regarding the surcharge added to your online order of our premium make-up kit.

We regrettably had to add $25.00 as a surcharge for shipping and handling because you are at an international address. We require this charge to ensure that your order gets there intact.

We are very sorry for the inconvenience and thank you for your understanding in this matter.

We would also like to offer you 10 percent off your next purchase at Cosmocare as our way of saying "thanks." Just reply to this mail to receive a coupon.

Sincerely yours,

Samuel Grossman
Customer Service Representative
Cosmocare Inc.

39. Why did Ms. Kaufmann send a message to the customer service department?
    (A) She wanted to find out why $25.00 was subtracted from her order.
    (B) She wanted to inquire about a fee that was added to her order.
    (C) She wanted to find out why her order had not been shipped.
    (D) She wanted to inquire about the contents of her make-up kit.
    Ⓐ Ⓑ Ⓒ Ⓓ

40. What was the extra charge added for?
    (A) Manufacturing the product
    (B) Handling at the warehouse
    (C) Sending by ship
    (D) Shipping overseas
    Ⓐ Ⓑ Ⓒ Ⓓ

41. Who may contact Cosmocare's customer service?
    (A) Anyone who wants to contact Cosmocare's management
    (B) Anyone looking for a job
    (C) Anyone who has a question about a product
    (D) Anyone who wants to know more about Cosmocare
    Ⓐ Ⓑ Ⓒ Ⓓ

42. How was the bill paid?
    (A) By bank remittance
    (B) By personal check
    (C) By mail
    (D) By credit card
    Ⓐ Ⓑ Ⓒ Ⓓ

43. What did Cosmocare do to make up for the inconvenience?
    (A) They offered her their condolences and gratitude.
    (B) They offered her a reduction in the price of her next order.
    (C) They offered her a discount on the shipping charge.
    (D) They offered her a discount on the shipping surcharge of her next order.
    Ⓐ Ⓑ Ⓒ Ⓓ

GO ON TO THE NEXT PAGE.

★★★ **Questions 44-48** refer to the following warranty and letter.

Warranty for Rugged Walker Hiking Boots

We guarantee that our hiking boots are made from the finest materials available, and are strong enough to withstand extreme weather conditions. If you find our boots have flaws in the materials or workmanship, send them back to the manufacturer with the original packaging and invoice. All our products can be returned for a full refund or exchange for up to one year from date of purchase.

Used boots cannot be returned for sizing problems. Please do not attempt to return boots that have been worn outside.

If damage is caused to the boots as a result of normal wear and tear, this warranty does not apply.

If damage occurs over one year past the date of purchase due to a proven defect in the workmanship, you will be given 50 percent credit toward a new pair. This will be subject to the manufacturers' evaluation and approval. The manufacturer's decision is final.

Rugged Walker
Customer Service
3892 Greene Drive
Preston, MI

To Whom It May Concern:

I purchased your hiking boots last week and am sending them back with the invoice. I'm afraid I was unable to send them back in the original packing as the warranty indicates. They were the last pair in the store and were on display. Therefore, I did not get a box when I purchased them. I hope this will not affect my refund in any way. The store clerk said that display models are under warranty as well.

I'm returning the boots because the heels appear to be cracked. I would like a full refund, but if that's not possible, I would like an exchange.

Thank you for your time.

Regards,
Christopher Worthing

44. What is Mr. Worthing doing with the boots he purchased?
    (A) Sending them back to the maker
    (B) Bringing them back to the store
    (C) Exchanging them for a different size
    (D) Putting them on display

45. What happens if the purchaser wears the boots outdoors?
    (A) The boots will fall apart.
    (B) The warranty becomes invalid, unless there is a proven defect.
    (C) They can exchange them for a different size.
    (D) They can get 50 percent off the next purchase.

46. When can the purchaser get 50 percent credit toward a new pair of boots?
    (A) Two months after purchase
    (B) Whenever the purchaser would like a new pair
    (C) Before the warranty expires, and they are sent back to the store
    (D) When the warranty expires, and the manufacturer determines there is a defect

47. What is Mr. Worthing worried about?
    (A) The store's display models
    (B) The packaging for the boots
    (C) The cracks in the heels of the boots
    (D) His chances of getting a refund

48. What would Mr. Worthing like to receive?
    (A) A display model in exchange for his boots
    (B) His money back or a new pair of boots
    (C) New heels for his boots
    (D) A refund and exchange for the box

お疲れさまでした

模擬テスト1＞正解と解説

Questions 1-3

1. 正解：(A)
▶第1文のAre you tired of constantly paying high prices to add features to your computer and protect it from viruses?に注目。ここから「自分のコンピュータにさまざまな機能を付加するため、またウイルス防止のために多額の出費をしている人」をターゲットにした広告であることが推測できる。最後から2番目の文にもSave money and protect your PC from viruses.と同様の記述がある。選択肢にはウイルスに触れたものはないので、(A)を選ぶ。

2. 正解：(C)
▶個条書きにされている8項目と選択肢を照合していけばいい。選択肢の動詞に注意を払うと選びやすい。第2項目の*Digital movie cameraと第6項目の*Sound and video editing softwareから(C)が正解。Digital movie cameraはshoot a movieのためのものである。なお、ここではdigital movie ＝ video。(A)のcomputer game、(D)のvirus protection softwareについては「作成できる」とは書かれていない。

3. 正解：(D)
▶Order an ACM 714 desktop today and get a $500 rebate. (limited time only) の部分に注目。rebateは日本語で言う「キャッシュバック」のこと。これをrefundと言い換えた(D)が正解。

● 訳　設問1〜3は次の広告に関するものです。

　ご自分のコンピュータにさまざまな機能を付加したり、ウイルスから守るために、常に多額の出費が必要なことにうんざりしていませんか。ACMコンピュータを購入すれば、付加機能に多額の出費をしなくて済むようになります。ACM 714プレミアム・デスクトップ全製品に、以下の機能が装備されています。

　　*デジタルカメラ
　　*デジタルムービーカメラ
　　*教育・参考ソフト
　　*ゲーム
　　*音声認識ソフト
　　*音声・ビデオ編集ソフト
　　*高性能マルチメディア
　　*ウイルス撃退ソフト

　ACM 714デスクトップを今日にもご注文いただければ、500ドルのキャッシュバックが受けられます（期間限定）。
　節約と同時にパソコンをウイルスから守ることができます。
　デスクトップ全製品に5年間の保証が付きます。

設問・選択肢訳

1. この広告はだれを対象とするものですか。
    (A) コンピュータにかけるお金でもっと多くのものを期待している人々
    (B) 新しいノートパソコンを欲しい人々
    (C) デスクトップを500ドルで買いたい人々
    (D) たくさんのソフトが入ったコンピュータを欲しくない人々

2. ACM 714でできることの1つはどれですか。
    (A) コンピュータゲームの作成
    (B) ＣＤの記録・編集・焼き込み
    (C) 動画の撮影・編集
    (D) ウイルス撃退ソフトの作成

3. 顧客は期間限定で何を得られますか。
    (A) クレジットカードへの500ドルの請求
    (B) 500ドルの保守料金
    (C) コンピュータが故障したときの500ドルの小切手
    (D) 購入に対する500ドルの返金

ボキャブラリー

- outrageous 形 途方もない；高額な
- desktop 名 デスクトップ・コンピュータ
- voice recognition 音声認識
- **advanced** 形 高度な；先端の
- rebate 名 払い戻し；割り戻し
- **warranty** 名 保証（書）
- burn 動 （ＣＤを）焼き込む
- break down 故障する
- **refund** 名 返金 動 返金する

Questions 4-5

4. 正解：**(D)**

▶ 本文の第1文に明記されている。was issued ... for owners of passenger cars equipped with side air bagsとあることから、告知（警告）の対象となるのは、「サイドエアバッグを装備した乗用車の所有者」である。(D)が正しい。

5. 正解：**(C)**

▶ 第2パラグラフの、When purchasing a vehicle以下に説明されている。should be aware of these dangers and ask the manufacturer for a full explanation of the risks involved with the all air bags（これらの危険性を考慮して、すべてのエアバッグに関する危険性について製造業者から十分な説明を受ける）こと、そしてshould ask to have the side rear air bags deactivated（後部のサイドエアバッグを作動停止にする）ことである。

(C)の「エアバッグの危険性について問い合わせる」だけが合致する。(A)のように、運輸省には「すぐに連絡する」必要はない。また、問題文では「後部のサイドエアバッグを作動停止にする」と書かれており、(D)のように「すべてのエアバッグを取り外す（uninstall）」わけではない。

落とし穴　こうした紛らわしい選択肢が並ぶ場合には、問題文に即して厳密に照合していくことが大切。自分の「想像」を交えて、勝手に解釈しないこと。

● 訳　設問4〜5は次の告知に関するものです。

消費者の皆様への告知

　サイドエアバッグを装備した乗用車の保有者に今日、運輸省から以下の警告が出されました。

　サイドエアバッグは自動車追突事故の際、大人には安全であることが分かりました。しかし、子供がエアバッグの近くに座っている場合には、深刻な、または致命的な怪我をするおそれがあります。車を購入する際に、消費者の方はこれらの危険性を考慮して、すべてのエアバッグに関する危険性について製造業者から十分な説明を受けるようにしてください。子供は安全確保のため、常に後部座席に適切な拘束措置を行って座る必要がありますが、後部座席のサイドエアバッグは子供に危険をもたらします。

　消費者の方はすべて、子供を乗せるかどうかにかかわらず、後部のサイドエアバッグを作動停止にすることを求めてください。これらバッグを作動停止にするのは製造業者の責任です。さらに詳しい情報については、213-9310-8256の運輸省までご連絡ください。

設問・選択肢訳

4. この告知はだれに対するものですか。
   (A) 大型トラックの運転手
   (B) 小さな子供を持つ運転手のみ
   (C) 子供のいない運転手
   (D) 乗用車の運転手

5. 消費者は車を買うとき、何をすべきですか。
   (A) 運輸省にすぐに連絡する
   (B) 子供を前部座席に拘束する
   (C) エアバッグの危険性について問い合わせる
   (D) すべてのエアバッグを取り外す

ボキャブラリー

- ☐ equipped with 〜を装備した
- ☐ **prove to** 〜であることが分かる
- ☐ **crash** 名衝突；破壊；（株などの）値崩れ
- ☐ at risk of 〜の危険を冒して
- ☐ **fatal** 形致命的な
- ☐ **involved with** 〜に関連する
- ☐ restraint 名拘束；制限
- ☐ **regardless of** 〜にかかわらず
- ☐ deactivate 動作動停止にする
- ☐ uninstall 動取り外す

COLUMN 1 ▶ 自動車

- ☐ hood 名ボンネット
- ☐ steering wheel ハンドル
- ☐ rear-view mirror バックミラー
- ☐ windshield / windscreen 名フロントグラス
- ☐ vehicle 名自動車　◆SUV (sport utility vehicle) スポーツ汎用車
- ☐ automatic transmission 自動変速機　◆manual transmission マニュアル変速機
- ☐ mileage 名走行距離
- ☐ front-wheel drive 前輪駆動　◆four-wheel drive 四輪駆動
- ☐ environment-friendly 形環境に優しい
- ☐ fuel-cell-powered 形燃料電池方式の
- ☐ unleaded gas 無鉛ガソリン
- ☐ jammed / congested 形渋滞した
- ☐ detour 名迂回路　◆short cut 近道
- ☐ overpass 名歩道橋；陸橋　◆underpass 名地下道

Questions 6-9

6. 正解：(C)
▶手紙本文の第1パラグラフ第2文に、He had many different duties during that period related to sales and marketing of our soft drink line.とある。Heは推薦対象のGerald Hughesを指している。our soft drink lineの部分から、この会社のソフトドリンク部門で働いていたことが分かる。soft drinkをbeveragesに言い換えた(C)が正解である。

7. 正解：(B)
▶His responsibilities以下に列挙されている。responsibilitiesは「職責＝業務内容」のこと。ヒューズさんが担当していたのは、「市場調査の実施」、「販売店の訪問」、「ディスプレーの点検」、「西海岸地域の顧客のケア」の4つである。これに合致するのは(B)のみ。

8. 正解：(B)
▶ヒューズさんの評価については、本文の第2パラグラフの第1文に書かれている。I believe that he can successfully and satisfactorily complete any task placed before him.から、ヒューズさんが「与えられた業務を完遂できる」と、サザーランドさんが信じていることが分かる。(B)が正解。

9. 正解：(D)
▶前問の該当個所に続いて、サザーランドさんは手紙の結びで、I would strongly recommend him for any marketing or sales director position.と書いている。他にも第1パラグラフの最後にMr. Hughes has been a valuable asset to our corporation thus far.（ヒューズさんはこれまで、我が社にとってかけがえのない存在でした）と評価している。(D)の「高い評価」が最適。なお、(C)のmediocreは「平凡な；凡庸な」というネガティブな意味である。

● 訳　設問6〜9は次の手紙に関するものです。

リストル株式会社
ファースト・ブルバード7892番地　ボストン、マサチューセッツ州68301
(810) 690-4769

6月5日

ジェラルド・ヒューズ氏の推薦状
ご担当者様

　ジェラルドは地域営業部員として2年間、私の下で働いておりました。この期間、彼は当社のソフトドリンク部門の販売とマーケティングに関するさまざまな業務をこなしました。彼の担当業務は、市場調査の実施、販売店の訪問、ディスプレーの

▼

設問・選択肢訳

6. ヒューズさんはどんな業種の会社で働いていましたか。
   (A) 枕を売る会社
   (B) ディスプレー部品を作る会社
   (C) 飲料を作る会社
   (D) 自動販売機を作る会社

7. ヒューズさんがリストル社で担当した業務の１つはどれですか。
   (A) 彼は自分の資産を陳列した。
   (B) 彼は消費者市場を分析した。
   (C) 彼はその市場で買い物をした。
   (D) 彼はスーパーマーケットを調査した。

8. サザーランドさんはヒューズさんが何ができると考えていますか。
   (A) レースで競争する
   (B) 自分の業務をうまくこなす
   (C) 劇場で演技をする
   (D) 彼女と競争する

9. サザーランドさんがヒューズさんに与えたのはどんな種類の推薦ですか。
   (A) 慎重な評価のもの
   (B) 控えめな評価のもの
   (C) 平凡な評価のもの
   (D) 高い評価のもの

▼
点検、西海岸地域の顧客のケアでした。ヒューズ氏はこれまで、我が社にとってかけがえのない存在でした。
　ヒューズ氏が業務遂行で示した能力からかんがみて、彼が与えられたどんな仕事でも、首尾よく申し分なく完遂できるものと私は考えます。こうした理由から、彼をマーケティングまたは販売の管理職に強く推薦いたします。

敬具

ジュリア・サザーランド
販売・マーケティング部長

● ボキャブラリー

- □ **letter of recommendation**　推薦状
- □ **To Whom It May Concern**　ご担当者様（定型表現）
- □ **supervision**　名監督；管理　□ regional　形地域の；地方の
- □ **duties**　名業務；職務　□ **responsibilities**　名職責；職務
- □ vendor　名販売会社；売る人；ベンダー
- □ account　名アカウント；顧客
- □ **asset**　名資産；貴重な存在　□ **competence**　名能力
- □ **beverage**　名飲料　□ vending machine　自動販売機
- □ mediocre　形凡庸な；冴えない

Questions 10-11

10. 正解：(D)

▶ 設問にあるcheckout staffは「レジ係」の意味。類似表現は、第3項目の回答の中にcashiersとある。cashiersの印象はpretty coldと表現されており、「無愛想」だったことが分かる。(D)が正解。

11. 正解：(C)

▶ 技術スタッフについての評価は、第4項目と第6項目の2個所で述べられている。技術スタッフを評価する表現を拾っていくと、very helpful（第4項目）、especially friendly（第6項目）、know the products well（第6項目）、were able to give me great tips on repairing items myself（第6項目）。

　これらを選択肢と照合すると、(C)のみがknow the products wellに合致する。なお、上記から、技術スタッフは「回答者が修理するのに適切なアドバイスを与えた」のであって、スタッフが修理したわけではない。(A)は誤り。

● 訳　設問10～11は次のアンケートに関するものです。

　私共マドソン・エレクトロニクス社はお客様の満足度に配慮いたしております。私共がさらに良好なサービスを提供できますよう、以下のアンケートに記入するお時間をお取りいただければと思います。

氏名	ビル・ファーンズワース	Eメール	farns@wiz.com
住所	ヒルサイド・ドライブ238番地	電話	202-9374

・どんな仕事をされているかお答えください。
　私は照明の販売員です。
・マドソン・エレクトロニクスに電話をかけたとき、丁寧な応対を受けましたか。
　応対した人はとても長く私を待たせました。
・お客様のご意見では、マドソン・エレクトロニクスの社員は親切でお役に立っていますか。
　ほとんどの人はそうです。しかし、レジ係はかなり冷たい対応です。
・マドソン・エレクトロニクスの技術スタッフは、お客様に適切な支援をしましたか。
　はい。非常に助かりました。
・お客様が問題をお持ちのとき、それは迅速に満足のいくように解決されましたか。
　問題はありませんでした。
・スタッフに対するお客様の全体的な印象はどのようなものですか。
　技術スタッフは非常に親切でした。彼らは製品のことを熟知しており、私が自分で製品を修理するための的確なアドバイスをしてくれました。
・私共がどのようにすれば進歩できるか、ご意見をお願いいたします。
　電話に応対する事務スタッフに、もう少し丁寧に受け答えをするよう指導してください。

設問・選択肢訳

10. 顧客は勘定カウンターのスタッフをどう思いましたか。
 (A) 彼は彼らが親切だと思った。
 (B) 彼は彼らが特に友好的だと思った。
 (C) 彼は彼らに待たされたことが不満だった。
 (D) 彼は彼らが友好的でないと思った。

11. 顧客は技術スタッフがなぜ好印象だったのですか。
 (A) 彼らが彼の製品を修理したから。
 (B) 彼らが電話で友好的だったから。
 (C) 彼らが知識豊富だったから。
 (D) 彼らが丁寧に電話に応対したから。

●ボキャブラリー
- □ care about 〜を気にかける；〜に関心がある
- □ **fill out** 記入する（=fill in）
- □ lighting 名照明
- □ **courteous** 形丁寧な；礼儀正しい
- □ cashier 名レジ係
- □ **instruct** 動指導する；指示する
- □ checkout 名勘定（カウンター）

Questions 12-14

12. 正解：(B)
▶設問ではthe body（車体）となっているが、問題文ではthe exterior（外装）と表現されていることに注意。There are no dings and dents on the exterior.（車体外装には傷もへこみもない）ということだから、(B)が正解である。

13. 正解：(D)
▶This beautiful car ... is being sold by its original owner.という部分から、売り手はこの車の最初の持ち主、すなわちこの車を（新車で）購入した人であることが理解できる。

14. 正解：(C)
▶車の特徴については、Features include:以下に説明されている。power windows and mirrorsから、(C)の「自動操作のウインドウ」が正解である。(A)と(D)は記述がない。また、automatic transmissionと問題文にはあるので、(B)のstick shift（手動変速装置）は誤り。

● 訳

設問12～14は次の分類広告に関するものです。

売ります

12気筒エンジン搭載、オートマチック・トランスミッションの、華麗な2000アストン・マーチンDB7ヴォランテ。

　この車は本当に素晴らしいもので、シルバー色に塗られ、内装は革をあしらった豪華なものです。革はほとんど摩耗がなく、良好な状態です。車体外装に損傷やへこみはありません。この美しい車の走行距離はわずか1万739マイルで、第一保有者から販売されます。ブレーキ性能は良好、ステアの操作性も秀逸です。エアコン、パワーステアリング、自動操作のウインドウとミラー、ステレオ等の機能を装備しています。価格や詳細な情報につきましては、303-8965-1109のロナルド・パーニオまでご連絡ください。

設問・選択肢訳

12. 車体にはどんな種類の損傷がありますか。
　(A) 数カ所のへこみ
　(B) 何もない
　(C) 塗装の欠け
　(D) ボンネットにあるいくつかの損傷

13. だれがこの車を売るのですか。
　(A) 所有者の息子
　(B) この車の第三保有者
　(C) 新しいカーディーラー
　(D) それを購入した人

14. この車の特徴の1つとして何が挙げられていますか。
　(A) 4輪駆動
　(B) 手動変速装置
　(C) 自動開閉のウインドウ
　(D) オートヒート・シート

ボキャブラリー

- □ **cylinder** 名 気筒；シリンダー
- □ **automatic transmission** 自動変速装置；オートマチック・トランスミッション
- □ **stunning** 形 驚くほど素晴らしい
- □ **plush** 形 豪華な；フラシ天の
- □ **wear** 名 すり切れ
- □ **dings and dents** 損傷とへこみ
- □ **chip** 名 欠け
- □ **four-wheel drive** 四輪駆動
- □ **stick shift** 手動変速装置
- □ **heated seats** オートヒート・シート

Questions 15-16

15. 正解：(B)

▶ If interference with radio or TV signals occurs,... 以下に列挙されている。干渉が発生する場合の対策は、distance the receiver from the interfering signal（受信機を干渉信号から遠ざける）、adjust the antenna（アンテナを調節する）、connect the receiver in a different outlet（受信機を他のコンセントに接続する）の3つのうちどれかの処置をとるということである。(B)のみが正しい。

落とし穴　3つ以上のものをorやandで並列する場合には、「A, B or/and C」という形をとる。長い語句の場合には、この関係を見落とす可能性があるので注意が必要。

16. 正解：(A)

▶「故障した場合」とは、つまり「repairsをする場合」ということ。最終文にRepairs should only be done at one of our authorized service centers.と書かれている。authorizedは「認定された」の意。(A)は単にthe service centerとしているだけだが、他に適切なものが見あたらないので、これが最適である。なお、(B)のthe authoritiesは「（複数で）当局」の意味。政府の執行機関・行政機関を指す。

訳　設問15～16は次のマニュアルに関するものです。

Eウォーク・パーソナル・ナビゲーターをお買いあげいただき、ありがとうございます。

　このナビゲーターは高周波電力を発生するため、取扱説明書の通りに使われない場合には、他の無線通信の干渉を受ける可能性があります。ラジオやテレビの信号との干渉が発生する場合には、受信機を干渉信号から遠ざけるか、アンテナを調節するか、または受信機を他のコンセントに接続するかの処置をとってください。どの部品も経験のない技術者が取り扱うことはできません。勝手に修理を行うと、ナビゲーターに恒久的な損傷を与えることがあります。修理は当社が認定するサービスセンターで行っていただくようお願いいたします。

設問・選択肢訳

15. ナビゲーターが他の信号と干渉する場合には、ユーザーは何をすべきですか。
(A) 新しいアンテナを買う
(B) それを干渉信号から遠ざけておく
(C) そのナビゲーターを売却する
(D) 彼らの多くは超過勤務をしている

16. ナビゲーターが故障したら、ユーザーは何をすべきですか。
(A) それをサービスセンターに持っていく
(B) それを当局に持っていく
(C) 自分で修理する
(D) 受信機を他の信号から遠ざける

● ボキャブラリー

- □ generate　動発生する
- □ radio frequency energy　高周波電力
- □ **in accordance with**　～に従って
- □ **instructions**　名（複数で）取扱説明書
- □ interference　名干渉
- □ distance ... from～　～から…を引き離す
- □ **outlet**　名コンセント
- □ unauthorized　形認められていない；勝手な
- □ keep ... away from～　…を～から遠ざけておく
- □ **authorities**　名（複数で）当局

COLUMN 2 ▶ 家電製品

- □ appliance　名家電製品
- □ household　形家庭の　名家庭；世帯
- □ warranty　名保証（書）
- □ vacuum (cleaner)　電気掃除機
- □ (lawn) mower　芝刈り機
- □ refrigerator / fridge　名冷蔵庫
- □ alternating current　（電気の）交流
- □ break down　故障する
- □ electric leakage　漏電
- □ fix / repair / mend　動修理する

Questions 17-19

17. 正解：(B)

▶ タイトルは、PlanTech Preferred Customer Loan Applicationとなっていて、「ローンの申込書」であることは容易に分かるが、これだけでは設問に答えられない。

決め手は、最後のほうの説明に太字でI hereby verify that the above information is true and correct, and give First Rate Credit Services full permission to investigate my credit background.とある点。credit backgroundは「信用履歴」の意味で、申請者は自分の信用履歴の調査を許可することを誓約するスタイルとなっている。書式内容にも、記入事項にPersonal Information（個人情報）とEmployment Information（職業情報）があることから、(B)の「顧客の信用を調査すること」が最も正確。

落とし穴

フォームの目的を問う設問に答えるには、1）問題文全体を概観する、2）フォームの説明文からヒントを探る、という2つのアプローチを取ると正確に絞り込める。

18. 正解：(C)

▶ 冒頭の注意書き2段目にあるThis loan will only be approved if the applicant has a good credit rating.に注目。ローンは申請者のa good credit rating（良好な信用評価）によって決まる、ということ。したがって、(C)の「彼らの信用報告」が最適である。

19. 正解：(C)

▶ I hereby verify that the above information is true and correct, ... の部分に再び注目。設問のpromiseはverifyの言い換えと理解できる。すなわち、約束するものは「上記の（記入）情報が真実で正確」であること。これに合致するのは(C)である。

● 訳　設問17～19は次の書式に関するものです。

プランテク優待消費者ローン申込書

　これは以下に示すローン特典が受けられる、プランテク優待消費者ローンの申請書です。90日間支払いは発生せず、6カ月間は無利子です。
　このローンはプランテクの顧客にのみ提供されるもので、プランテク製品の購入に限り利用できます。プランテクはファーストレート・クレジットサービシズ社の協力を得て信用調査業務を実施しております。このローンは申請者の信用評価が良好な場合にのみ承認されます。この拘束力のある契約を結ぶには申請者は21歳になっていることも要件となります。

個人情報

氏名（名、ミドルネームのイニシャル、姓）
住所
都市

設問・選択肢訳

17. この書式の目的は何ですか。
(A) 顧客にローンの申請を認めること
(B) 顧客の信用を調査すること
(C) 顧客がクレジットカードを受け取るのを認めること
(D) 顧客の保有する金額を調査すること

18. 申請者がローンを受けられるかどうかは何によって決まりますか。
(A) 彼らが購入する製品の種類　　(B) 彼らが購入する製品の数量
(C) 彼らの信用報告　　(D) 彼らの雇用主の名前

19. この契約書に署名することにより、申請者は何を約束しなければなりませんか。
(A) 彼らが競合会社の製品を買わないこと
(B) 彼らが21歳未満であること
(C) 彼らが提供した情報が真実であること
(D) 彼らが家賃を払うのに十分なお金を持っていること

▼
州および郵便番号
電話番号
電子メール・アドレス
社会保険番号
生年月日（月／日／年）

職業情報
現在の雇用主
勤務先電話番号　内線
運転免許証番号

　私はここに、上記情報が真実で正確であることを保証し、ファーストレート・クレジットサービシズ社に私の信用履歴の調査を完全に委ねることを認めます。

署名：
日付：

● ボキャブラリー
- **application** 名申請書；申込書
- **APR (=Annual Percentage Rate)** 年率
- **credit check** 信用調査
- **binding** 形拘束力のある
- **Ext. (=extension)** 名内線
- **investigate** 動調査する
- **rent** 名家賃
- **enter into** （契約などを）結ぶ
- **social security** 社会保険
- **verify** 動証明する；立証する
- **credit background** 信用履歴

Questions 20-21

20. 正解：(C)
▶ 設問にあるrequirementsは「要件；資格」の意味。mustとrequiredが使われている第1パラグラフ第2文が対応する個所である。making cold calls（売り込み電話・訪問）の経験とgood presentation and closing skills（プレゼンテーションと契約取り決めの高い技術）が求められていることが分かる。(C)のcalling on new clientsがmaking cold callsに合致する。cold callsには、電話だけでなく「訪問」も含まれる点に注意。

21. 正解：(A)
▶ benefits（給付や特典）については、第3パラグラフに書かれている。extensive training、base salary plus commission、medical and dental insurance、car allowance、paid expenses、the opportunity for promotionの6項目である。(A)のA chance to move up in the company（社内で昇格する機会）はthe opportunity for promotionの言い換えで、これが正解である。

● 訳　設問20〜21は次の求人広告に関するものです。

販売員募集

　レストラン用品を販売する、有能で意欲にあふれた販売員を募集しています。売り込み電話・訪問の経験があり、プレゼンテーションと契約取り決めに関する高い技能が求められます。
　業務内容には、既存顧客へのサービスとともに、新規顧客の開拓が含まれます。
　当社は広範囲の研修を提供します。一方、給与は基本給にコミッションが付加される形態です。その他給付・特典には、医療・歯科保険、自動車手当、諸経費手当、昇格への機会が含まれます。
　関心のある候補者は、ファクシミリかメールで、添え状、履歴書、基本給の希望額をハリソン・レストラン・サプライの人事部宛てにお送りください。
ファクス：594-067-4983　メール：info@harrisons.com

設問・選択肢訳

20. このポストの要件の1つは何ですか。
(A) その人は適切な服を着なければならない。
(B) その人は適切な大学の学位を取得していなければならない。
(C) その人は新規顧客の訪問経験がなければならない。
(D) その人は他の人に販売訓練を施すことができなければならない。

21. この仕事の給付・特典の1つとして挙げられているものは何ですか。
(A) 会社で昇格する機会
(B) 新車
(C) 生命保険と自動車保険
(D) 医療訓練

●ボキャブラリー

- ☐ **highly motivated** 意欲にあふれた
- ☐ **cold calls** 売り込み電話・訪問
- ☐ **presentation and closing** プレゼンテーションと契約取りまとめ（の）
- ☐ **clientele** 名顧客；常連　　☐ **base salary** 基本給
- ☐ **commission** 名歩合給；コミッション
- ☐ **allowance** 名手当　　☐ **expense** 名経費
- ☐ **requirement** 名要件；資格
- ☐ **brand-new** 形最新の；買ったばかりの

COLUMN 3 ▶ 営業・販売

- ☐ retail 名小売り　形小売りの
- ☐ wholesale 名卸売り　形卸売りの
- ☐ distribution 名流通
- ☐ inventory 名在庫
- ☐ delivery 名納品
- ☐ warehouse / storehouse 名倉庫
- ☐ shipment 名出荷（品）
- ☐ quotation / estimate 名見積（書）
- ☐ accounts receivable 売掛金　◆accounts payable 買掛金
- ☐ launch 動販売開始する
- ☐ release 動（製品などを）発表する
- ☐ sales representative 販売員
- ☐ competitor 名競争相手；競合企業

Questions 22-24

22. 正解：(D)

▶ other companies が出てくる文を探すと、Gifts4U Promotions: の項目の冒頭に Gifts4U has agreements with other companies that require us to send their promotional offers to our own customers. とある。他社がこの会社に求めているのは、「他社（their）の販売促進案内を自社の顧客に送る」ことである。promotional offers を ads と言い換えた(D)が正解。

23. 正解：(B)

▶ Gifts4U Promotions: の項目の最後に書かれている。please contact our consumer affairs department at consaffaisr@gifts4U.com. とあり、at 以下は電子メール・アドレスであることは明らかなので、(B)の「消費者相談部に電子メール・メッセージを送る」が選べる。

24. 正解：(C)

▶ 設問にある in the case of a company takeover の takeover は「買収」という意味。問題文では Subsidiaries の項目の In the event that another firm acquires us が対応する。この部分に続く個所を見れば、information on our customers will be transferred. とある。「顧客情報が移管される」ということ。顧客情報には氏名も含まれるので、(C)のように氏名も移管される。これが正解。

● 訳

設問22～24は次の情報に関するものです。

個人情報に関する注意

Gifts4U.com で買い物をされる前に、お客様の個人情報に関する当社の方針をご一読ください。

Gifts4U の販売促進活動：Gifts4U は他社と、当社顧客に他社の販売促進案内を送付する旨の契約を交わしております。当社はこれら会社にお客様の氏名や住所を提供することはありません。お客様がこうした販売促進案内を受け取ることをお望みでなければ、consaffaisr@gifts4U.com の当社の消費者相談部にご連絡ください。

子会社：Gifts4U は Flowers4U や Toys4U などの子会社を数多く保有しています。また、事業拡大も継続しております。当社顧客の情報は子会社および将来において取得ないしは設立する会社とも共有される予定です。他社が当社を買収した場合には、当社顧客の情報は移管されることになります。情報の共有・移管を望まれないお客様は、前記のアドレスにご連絡いただけますようお願いいたします。

設問・選択肢訳

22. Gifts4Uは他社のために何をしますか。
   (A) その顧客を競合サイトに送る
   (B) その顧客情報を他社に提供する
   (C) 他社にその顧客リストを販売する
   (D) 他社の広告を自社の顧客に送る

23. 顧客は販売促進案内を受け取りたくなければ、何をすべきですか。
   (A) 他社が買収することを望む
   (B) 消費者相談部に電子メール・メッセージを送る
   (C) その会社の子会社に連絡する
   (D) Flowers4Uでもっと買い物をする

24. 会社が買収されたときは、何が起こりますか。
   (A) 顧客はすべてのリストから外される。
   (B) 氏名リストが破棄される。
   (C) 顧客の氏名が移管される。
   (D) 顧客は自身の情報を売ることができる。

● ボキャブラリー
- □ privacy 名 個人情報；プライバシー
- □ consumer affairs 消費者問題
- □ **subsidiary** 名 子会社
- □ **expand** 動 拡大する；拡張する
- □ **acquire** 動 取得する；買収する
- □ in the event that ～の場合には
- □ **transfer** 動 移管する；移転する
- □ aforementioned 形 前記の
- □ **take over** 買収する
- □ take ... off～ …を～から外す

Questions 25-28

25. 正解：(D)
▶第1パラグラフでは、Sentac Group, Inc. (SEN) ... has exceeded analysts' expectations for the first quarterと、センタック社が「アナリストの予測を上回った」ことが述べられ、第2パラグラフで、同社が30万ドルのgain（利益）を上げたことが説明されている。つまり、もともとのアナリストの予測では、この会社は30万ドルという大きな利益を上げるはずではなかったということである。(D)が正しい。

26. 正解：(B)
▶第2四半期（＝the next quarter）については、第2パラグラフと第3パラグラフに書かれている。第2パラグラフ後半：「第1四半期と同様の利益を上げそう」。第3パラグラフ第1文：「診療所からさらに多くの契約を獲得する」、「進行中の契約を取りまとめる」。選択肢で適切なのは、(B)の「さらに多くの顧客に彼らのサービスを受ける契約を結んでもらう」のみ。なお、(A)のterminateは「（契約などを）うち切る；破棄する」という意味で、finalizeとは正反対になる。

27. 正解：(C)
▶理由・原因の説明には「因果関係」を示す表現に注目するのが最適だが、第4パラグラフ第1文にはattribute ... to ～「…を～に帰する；…を～のせいにする」が使われている。ここでは受け身になっているが、to以下が「理由・原因」である。recently acquired contracts from six clinics（6つの診療所から最近獲得した契約）が第1四半期の利益の要因である。(C)が正解。なお、300万ドルという数字は、これら6診療所からの年間の売り上げ予測（第4パラグラフ第2文より）なので、(A)は誤り。

28. 正解：(D)
▶private hospitals（私立病院）の記述は第4パラグラフの後半にある。第3文に、Sentac ... is expected to pick up a few more as healthcare trends change.とあることから、「健康医療のトレンドが変化する」ことによって「センタックがさらに契約を獲得できる」という文脈が理解できる。この「健康医療のトレンド」と業績の関係については、第4文でMore private hospitals want to equip their facilities with the most technologically advanced equipment to keep up with these trends.（多くの私立病院はこうしたトレンドに遅れまいとして、その施設に最先端の機器を設置する意向である）と説明されている。the most technologically advanced equipmentをthe most modern equipmentに言い換えた(D)が正解。

●訳 設問25～28は次の記事に関するものです。

　テキサス州の上場企業で、健康医療産業に技術ソリューションを提供するセンタック・グループ社（SEN）が第1四半期、アナリストの期待を上回る業績をあげた、と同社の代表者が発表した。

設問・選択肢訳

25. アナリストは、第1四半期にセンタックに何が起こると予測していましたか。
(A) 彼らがさらに多くの診療所を買収すること
(B) 彼らが年間300万ドルの利益を上げること
(C) 彼らが30万ドルの利益を上げること
(D) 彼らが大きな利益を実現できないこと

26. この会社の第2四半期の計画はどんなものですか。
(A) 既存の契約をうち切る
(B) さらに多くの顧客に彼らのサービスを受ける契約を結んでもらう
(C) 世界中に支店を出す
(D) 年間にさらに300万ドル稼ぐ

27. この会社の第1四半期の利益の要因は何ですか。
(A) 彼らは6つの診療所から年間300万ドルを獲得した。
(B) 彼らは自社の診療所を6つ設立した。
(C) 彼らは6つの診療所から契約を獲得した。
(D) 3件の契約の追加。

28. なぜセンタックは私立病院からさらに契約を獲得できる見込みなのですか。
(A) センタックは健康医療機器を提供する唯一の会社である。
(B) センタックはハイテク機器の価格を引き下げた。
(C) 病院は健康医療のトレンドを変えたいと望んでいる。
(D) 病院は最先端の機器を望んでいる。

▼
　センタックの報告によると、第1四半期の利益は30万ドルで、次の四半期にも同等の利益が予測できるという。
　報告によると、同社は第2四半期に入って、進行中の契約案件をまとめるとともに、診療所からさらに多くの契約を獲得する計画である。このニュースに投資家の自信は強まっている。
　第1四半期の利益は、6つの診療所から最近獲得した契約の成果である。これら診療所から年平均300万ドルの売り上げが見込める。センタックはまた、全国の病院と交わしている現行の契約も維持するうえ、健康医療のトレンドが変化することにより、さらにいくつかの契約を獲得できる見込みだ。多くの私立病院はこうしたトレンドに遅れまいとして、その施設に最先端の機器を設置する意向である。
　センタックのマシュー・セナック最高経営責任者は、「健康業界のニーズに応えることにより、当社は第1四半期に極めて素晴らしい実績を上げることができた」とコメントした。「当社の現在の技術は競合他社を凌駕している。健康医療業界もこの点を理解してくれていると思う。この業界にニーズがある限り、センタックはそのニーズに応える最前線にいることになろう。国民の健康がそれにかかっているのだから」。

ボキャブラリー

- **publicly-held corporation** 株式公開企業；上場企業
- **exceed** 動上回る
- **expectation** 名期待
- **quarter** 名四半期
- **project** 動予測する；見込む
- **finalize** 動（契約などを）取りまとめる；成約する
- **boost** 動押し上げる；高める
- **attribute ... to〜** …を〜に帰する；…を〜のせいにする
- **equip ... with〜** …に〜を設置する
- **surpass** 動凌駕する；〜よりまさる
- **forefront** 名前線；活動の中心
- **terminate** 動（契約などを）うち切る；終了する

COLUMN 4 ▶ 会社

- headquarters 名本社
- subsidiary 名子会社 ◆parent company 親会社
- affiliate 名関連会社（＝affiliate company）
- voting rights 議決権
- holding company 持ち株会社
- listed company 上場会社
- joint venture 合弁企業
- accountability 名自己責任；説明責任
- board of directors 取締役会
- merger 名合併 ◆M & A (merger and acquisition) 買収・合併
- IPO (initial public offering) 新株上場；株式公開

COLUMN 5 ▶ 企業業績

- revenues 名収入 ◆profit（利益） loss（損失）
- net income 純利益 ◆net loss（純損失）
- bottom line 最終損益 ◆損益計算書の最終行
- operating expenses 営業経費
- depreciation 名減価償却
- turnaround 名黒字化；業績回復
- assets 名資産
- liabilities 名負債
- consolidated 形連結の
- subsidiary 名子会社
- insolvent 形支払い不能の；破産した（⟵→solvent）
- write off （資産を）減価償却する；精算する

Questions 29-33

29. 正解：(A)
▶「社内連絡」の件名にはThe Company Picnicとあるだけで、社内ピクニックについての文面であることしか分からない。本文を見ていくと、第1パラグラフでは「CEOが新入社員を紹介するという予定」、第2パラグラフでは「スミスさんの仕事」、第3パラグラフでは「ピクニックのスケジュール」、第4パラグラフでは「スミスさんの部署の参加人数を知らせてほしいというお願い」がそれぞれ書かれている。したがって、(A)の「ピクニックの詳細をスミスさんに伝える」が最適。第2パラグラフから、スミスさんは自ら支援を買って出ているので、(B)は誤り。

手紙・メール・メモの目的は多くの場合、冒頭を見れば分かるが、この問題のように全体の内容から判断する必要があるものもある。その際は、パラグラフ単位で内容をまとめると解きやすくなる。　　　　　　　　　　　　　　　　　　　　　　　　　落とし穴

30. 正解：(C)
▶「社内連絡」の本文第1パラグラフのin order to以下に社内ピクニックを開催する理由が述べられている。「心地よい環境で、新入社員を社員全員に紹介する（ため）」ということなので、これに最も近い(C)を選ぶ。

31. 正解：(C)
▶「社内連絡」の第2パラグラフ第1文にThanks for volunteering to help us out.とあることから、スミスさんがピクニックについてus（＝フィッツジェラルドさんたち）を支援することにすでに同意していることが分かる。したがって、(C)の「何らかの形でピクニックを支援する」が正解。(A)については、I would like you to give out the prizes to the game winners.と、この社内連絡で要請しているので、スミスさんが同意するかどうかは未定である。

32. 正解：(B)
▶「スケジュール」と「社内連絡」の両方を見る必要がある。まず、社内連絡の中で、the CEO has scheduled a company picnic next Saturday in order to introduce our newest staff members to everyone in a comfortable setting.と書かれているので、発信者のフィッツジェラルドさんと受信者のスミスさんはCEOではないと判断できる。この文からはCEOがスピーチをすることが読み取れる。そしてスケジュールを見ると、speechをするのはMr. Myersのみ。つまり、Mr. Myers ＝ CEOである。

33. 正解：(A)
▶設問のtomorrow afternoonの類似表現は、「社内連絡」の第4パラグラフの3:30 tomorrowである。明日の午後3時30分までに、フィッツジェラルドさんがスミスさんにしてほしいことは、「自分の部署の参加人数を教える」こと。したがって、(A)が正解。

● 訳

設問29〜33は次のスケジュールと社内連絡に関するものです。

［①スケジュール］

社内ピクニックのスケジュール
土曜日・10月25日

11:00　社員がピクニック場に到着する
11:15　キャス・フィッツジェラルドが新入社員を紹介する
11:30　メイヤーズさんが開会の辞を述べる
11:45　新入社員が各自短い自己紹介をする
12:30　昼食
2:00　ゲーム
3:30　ジョナス・スミスが賞を授与
5:00　清掃

＊雨天中止

［②社内連絡］
社内連絡

受信者：ジョナス・スミス、広報部
発信者：キャス・フィッツジェラルド
日付：10月14日
件名：社内ピクニック

　ご承知のように、最高経営責任者が次の土曜日に社内ピクニックを行う計画を立てています。心地よい環境で、新入社員を全社員に紹介するためのものです。彼はその日のスピーチで彼らを紹介します。
　支援を申し出ていただきましてありがとうございます。当日の活動スケジュールを作成しました。あなたにはゲームの勝者に賞を授与していただきたいと思います。この仕事をよろしくお願いいたします。
　ピクニックはいつものように、スタニエル公園の南側で行います。ジョン・リーマンとローラ・オーウェンズが新入社員を迎えに行き、公園まで連れて行ってくれます。彼らが到着する際に、あなたの部署の人々に出迎えていただければありがたいです。
　明日の3時30分までに、あなたの部署の参加人数をお知らせください。
　お手数をおかけいたします。

設問・選択肢訳

29. この社内連絡の目的は何ですか。
   (A) スミスさんにピクニックの詳細を伝える
   (B) スミスさんにピクニックの手助けをするよう頼む
   (C) スミスさんにピクニックに参加するよう伝える
   (D) 彼らが行うゲームの種類を知らせる

30. メイヤーズさんはなぜ社内ピクニックをしたかったのですか。
    (A) 彼は家族にゲームをさせたかった。
    (B) 彼は社員の家族と会いたかった。
    (C) 彼は新入社員をくつろがせたかった。
    (D) 彼は新入社員に正午に昼食を取らせたかった。

31. スミスさんは何をすることに賛成しましたか。
    (A) ゲームの勝者に賞を授与する
    (B) 新入社員を迎えに行く
    (C) 何らかの形でピクニックを支援する
    (D) 彼の部署の人々にボランティアをするよう頼む

32. だれが最高経営責任者ですか。
    (A) フィッツジェラルドさん
    (B) メイヤーズさん
    (C) リーマンさん
    (D) オーウェンズさん

33. スミスさんは明日の午後までに何をしなければなりませんか。
    (A) 彼の部署の社員が何人ピクニックに出かけるかをフィッツジェラルドさんに伝える
    (B) 彼の部署の人々にピクニックに参加しなければならないことを告げる
    (C) 彼の部署の社員で参加しない人がいるかどうかをメイヤーズさんに伝える
    (D) 雨天の場合にはピクニックが取りやめになることを、彼の新入社員に伝える

●ボキャブラリー
- ☐ introductory 形導入の；前置きの
- ☐ **new recruit** 新入社員
- ☐ **award** 動授与する
- ☐ comfortable setting 心地よい環境
- ☐ volunteer to 自ら進んで〜する
- ☐ **pick up** （車で）迎えに行く
- ☐ **department** 名部門；部
- ☐ **in case of** 〜の場合には

Questions 34-38

34. 正解：(B)
▶ギャンゲイダーさんがフィンチさんに謝った理由が問われているので、「メール」のほうを見る。第2パラグラフ最終文に、I'm sorry for the inconvenience it may have caused.というお詫びの表現がある。itは前文の内容を受けるので、「ジャニスがセミナーの前に、出席者リストを更新する時間がなかった」ことにより迷惑をかけたかもしれないというのが、ギャンゲイダーさんが謝った理由である。mayをpossibleに、inconvenienceをproblemに言い換えた(B)が正解。

35. 正解：(D)
▶「メール」の第2パラグラフ第1文のThe reason why there were a couple of absences from the seminar is that two of the new recruits changed their mind and accepted positions elsewhere.に注目。accepted positions elsewhereは、ここでは「他社のポスト（仕事）を受け入れた」ということであり、(D)のtook other jobsと同様の意味である

36. 正解：(A)
▶change the work schedulesという表現は、「表」の最後の項目に出ている。この項目はAdmin（管理業務）で、業務スケジュールを変えた理由はto accommodate new staffと説明されている。ここのaccommodateは「世話をする」という意味なので、(A)の「彼は新入社員のために時間を割く必要があった」が最適。

37. 正解：(C)
▶ギャンゲイダーさんがフィンチさんに会いたい件については、「メール」の第4パラグラフ第1文に書かれている。会いたい理由はto不定詞以下に、discuss what kind of disciplinary action we should take in regards to the three employees who have turned out poor performance recordsと説明されている。「実績のよくない3人の社員の懲戒処分の種類を検討する」ことが目的である。have turned out poor performance recordsをdon't work wellと言い換えた(C)が正解である。(B)のように「会社の悪い業績」について話すわけではない。なお、(A)のdisciplinary managersは「訓練担当マネジャー」の意。

38. 正解：(B)
▶「メール」の最終文で、ギャンゲイダーさんはフィンチさんに、Please let me know by tomorrow morning at the latest.と返事を要請している。この返事の期限は「明日の午前中」なので、これをThe next day before noonと言い換えた(B)が正しい。明日がWednesdayである根拠はどこにもないので(D)は不適当。

● 訳

設問34～38は次の表とメールに関するものです。

[①表]
週間リポート
氏名：デイビッド・フィンチ
役職：人事部長
週：9月10日～17日

業務名	開始日	終了日	コメント	総時間
社員の評価	9/11	9/14	3人の業務成績が良くない	9.5
新入社員セミナー	9/12	9/13	2人が欠席	10
新規部門の社員採用	9/14	9/17	延期。まだ4人が不足	8.5
研修	9/10	9/11	欠席者のためにさらにセッションが必要	14
管理業務	9/10	9/17	新入社員受け入れのため業務スケジュールを変更	17.5

[②メール]
受信者：デイビッド・フィンチ
発信者：メイダン・ギャンゲイダー
件名：あなたの週間リポート

デイビッドさん

　あなたの週間リポートに目を通しましたが、今週は大変だったようですね。尽力に心から感謝します。リポートのいくつかの点を明確にさせてください。
　セミナーに2人が欠席した理由は、新入社員の2人が考えを変えて、他社のポストを受諾したからです。ジャニスはセミナーの前に、出席者リストを更新する時間がなかったのです。この点で迷惑をかけて、申し訳なく思います。
　新しい部については、しばらく保留にすることにしました。スタッフの募集にこれ以上労力をかけないようお願いします。
　最後に、実績が芳しくないことが分かった社員3人について、どんな種類の懲戒処分をすべきか、あなたと会って話したいと思います。あなたの時間があれば、水曜の3時以降に会いたいのですが。
　遅くとも明日の午前中までに知らせてください。

よろしくお願いします
メイダン

模擬テスト1＞正解と解説

設問・選択肢訳

34. ギャンゲイダーさんはどうしてフィンチさんに謝ったのですか。
(A) 社員の欠席を防げなかったため
(B) 問題を引き起こしたかもしれないため
(C) 新しいスケジュールを作成する十分な時間がなかったため
(D) 報告書をもっと早く明確にしなかったため

35. なぜセミナーに社員の欠席があったのですか。
(A) 社員の2人がスケジュールを変更した。
(B) 新入社員の2人が病気になった。
(C) 社員の2人がセミナーについての意志を変えた。
(D) 社員の2人が他の仕事に就いた。

36. なぜフィンチさんは業務スケジュールを変更したのですか。
(A) 彼は新入社員のために時間を割く必要があった。
(B) 彼は新入社員の宿泊施設を探す必要があった。
(C) 彼はさらに研修会を行うため時間をつくる必要があった。
(D) 彼は何人かの社員を解雇する必要があった。

37. なぜギャンゲイダーさんはフィンチさんに会いたいのですか。
(A) 彼は訓練担当マネジャーについてどうすべきか話したい。
(B) 彼は会社の芳しくなく実績についてどうすべきか話したい。
(C) 彼はよく働かない社員についてどうすべきか話したい。
(D) 彼は行動がおかしい社員についてどうすべきか話したい。

38. ギャンゲイダーさんはいつフィンチさんから連絡を受けたいですか。
(A) 水曜の3時
(B) 次の日の正午までに
(C) 明日の午後
(D) 水曜の午前中

● ボキャブラリー
- [ ] HR (=human resources)　名人事部
- [ ] performance　名実績
- [ ] new recruit　新入社員
- [ ] staff　動人員の補充をする
- [ ] Admin (= administration)　名管理業務
- [ ] accommodate　動便宜を図る
- [ ] clarify　動明確にする
- [ ] inconvenience　名不便；迷惑
- [ ] cause　動もたらす；引き起こす
- [ ] as far as～concerned　～に関するかぎり
- [ ] put～on hold　～を保留にする
- [ ] disciplinary　形懲戒の；訓練の
- [ ] in regards to　～に関して
- [ ] accommodations　名宿泊施設

Questions 39-43

39. 正解：(B)
▶「メール」本文の第1パラグラフ第1文にyour inquiry（カウフマンさんの問い合わせ）についての言及がある。regarding以下に注目すると、問い合わせの内容がthe surcharge added to your online order of our premium make-up kit（私共の高級メークアップ・セットのオンライン注文にかかる追加料金）に関することだと理解できる。surcharge（追加料金）の意味が理解できるかどうかがポイント。(B)が正解。(A)のsubtractは「差し引く」で、逆の意味になってしまう。

40. 正解：(D)
▶「メール」の第2パラグラフに、We regrettably had to add $25.00 as a surcharge for shipping and handling because you are at an international address.とある。ここから、25ドルの追加料金がかかる理由は「住所が海外である」からだと分かる。したがって、(D)の「海外への配送」が正解である。

41. 正解：(C)
▶「明細書」の最後にあるFor bill or product inquiries onlyという注意書きに注目。ここから問い合わせができるのは「bill＝請求」と「product＝製品」の2点だけであることが分かる。(C)の「製品について質問がある人」が後者に合致する。

42. 正解：(D)
▶「明細書」の中ほどに、Card number 2839-555-0382 Thank you for your paymentとあるので、カウフマンさんの支払いはクレジットカードで行われたことが分かる。(D)が正解。

43. 正解：(B)
▶ 設問のmake up forは「～の埋め合わせをする」という意味。「メール」の第3パラグラフでお詫びを述べた後、第4パラグラフで「迷惑をかけたことの埋め合わせ」を提案している。offer you 10 percent off your next purchase at Cosmocare as our way of saying "thanks."とあることから、「次回の買い物の際に10パーセントの割引をする」というオファーである。

● 訳

設問39～43は次の明細書とメールに関するものです。

[①明細書]
請求明細書　　発送日：11月3日

コスモケア社

品目	請求額
高級メークアップ・キット	120.00ドル
税金	6.48ドル
追加料金	25.00ドル
合計	**151.48ドル**

カード番号　2839-555-0382
お支払いをありがとうございました。＊

＊クレジットカードによる送金はお客様の明細にCosInc.として表示されます。
　個人小切手は受け付けておりません。

コスモケア顧客サービス
私書箱39220
ウエストン、インディアナ州72892
service@cosmocare.com
請求または製品の問い合わせ専用

[②メール]
受信者：ジュリー・カウフマン <jkauff@rol.com>
発信者：S・グロスマン <sgross@cosmocare.com>

件名：お客様のお問い合わせ

親愛なるカウフマン様

　私共の高級メークアップ・セットのオンライン注文に付加された追加料金につきまして、顧客サービス部にお問い合わせいただきましてありがとうございます。
　お客様は海外の住所であるため、申し訳ございませんが、配送手数料として25ドルの追加料金が必要となります。この料金にて私共は配送を確実に行うことができます。
　ご迷惑をおかけしましたことをお詫びいたしますとともに、この件につきましてご理解いただければありがたく存じます。
　また、私共の感謝の気持ちといたしまして、コスモケアで次にご購入される際には10パーセントの割引をさせていただきます。本メールを返送していただき、クーポンをお受け取りください。

敬具

サミュエル・グロスマン
顧客サービス担当
コスモケア株式会社

設問・選択肢訳

39. なぜカウフマンさんは顧客サービス部にメッセージを送ったのですか。
(A) 彼女はなぜ25ドルが彼女の注文から引かれているかを知りたかった。
(B) 彼女は彼女の注文に追加された料金について問い合わせたかった。
(C) 彼女はなぜ彼女の注文品が発送されていないのかを知りたかった。
(D) 彼女は彼女のメークアップ・セットの内容について問い合わせたかった。

40. 割増料金は何に対して付加されましたか。
(A) 製品を製造すること (B) 倉庫での取り扱い
(C) 船舶による送付 (D) 海外への配送

41. だれがコスモケアの顧客サービスに連絡することができますか。
(A) コスモケアの経営陣に連絡したい人はだれでも
(B) 仕事を探している人はだれでも
(C) 製品に質問のある人はだれでも
(D) コスモケアについてさらに知りたい人はだれでも

42. この請求はどのように支払われましたか。
(A) 銀行振り込みで (B) 個人小切手で
(C) 郵送で (D) クレジットカードで

43. コスモケアはこの不備を埋め合わせるため何をしましたか。
(A) 彼らは彼女にお悔やみと謝意を示した。
(B) 彼らは彼女に次の注文における価格の引き下げを提案した。
(C) 彼らは彼女に運送費の割引を提案した。
(D) 彼らは彼女に次の注文の追加運送費の割引を提案した。

● ボキャブラリー

- **invoice** 名請求（明細）書
- **description of articles** 品目
- **premium** 形高級な；割り増しの
- **surcharge** 名追加料金
- **remit** 動送金する
- **bill** 名請求（書）
- **inquiry** 名問い合わせ
- **regrettably** 副残念なことに
- **shipping** 名配送；運送
- **handling** 名取り扱い；処理
- **ensure** 動確実にする
- **intact** 形完全な
- **subtract ... from** …を～から差し引く
- **inquire about** ～について問い合わせる
- **warehouse** 名倉庫
- **make up for** ～を埋め合わせる
- **condolence** 名お悔やみ
- **gratitude** 名感謝

Questions 44-48

44. 正解：(A)
▶「ワーシングさんが、購入したブーツをどうしているか」が問われているので、「手紙」のほうを見る。第1パラグラフ第1文の後半にam sending them back with the invoice.とあることから、彼はこのブーツを請求書とともに返品していることが読みとれる。送付先は手紙の差出人情報の欄からRugged Walkerという会社である。したがって、「製造業者に返品している」とする(A)が正しい。

45. 正解：(B)
▶設問のoutdoorsの類似表現は、「保証書」の第2パラグラフ第2文にある（outside）。Please do not attempt to return boots that have been worn outside.という文で、「外でお使いになったブーツの返品はご遠慮ください」という意味。また、第1パラグラフ第2文のIf you find our boots have flaws in the materials or workmanshipという条件も踏まえて、「損傷が証明されない限り、保証は無効となる」とする(B)が最適。なお、invalidは「無効の」の意。

46. 正解：(D)
▶「保証書」の第1パラグラフ最終文から、「全額返金または交換」の保証期間は1年であることが読みとれる。これを念頭に第4パラグラフ第1文を読むと、「購入時から1年が経過したときには、due to a proven defect in the workmanship（証明できる仕上げの問題によって）損傷が発生した場合、次回の購入に際して50パーセントの割引が適用される」ことが理解できる。また、最後の2文を読むと、defectを評価・決定するのはthe manufacturerであることも分かる。(D)が正しい。

47. 正解：(D)
▶ワーシングさんの心配の内容は、「手紙」の第1パラグラフ第4・5文に説明されている。Therefore, I did not get a box when I purchased them. I hope this will not affect my refund in any way.の部分から、「購入時に箱をもらっていない」→「このことが返金に影響があるとは思わない」がワーシングさんの心配の内容である。(D)の「返金を受けられる可能性」がこの記述に最も近い。

48. 正解：(B)
▶ワーシングさんが受け取りたいものは、「手紙」の第2パラグラフにI would like a full refund, but if that's not possible, I would like an exchange.と書かれている。「全額返金」か、それができない場合には「交換」である。a full refund → his money back、an exchange → a new pair of bootsと言い換えた(B)が正解。

● 訳

設問44〜48は次の保証書と手紙に関するものです。

[①保証書]
ラグド・ウォーカー・ハイキングブーツ保証書

　当社のハイキングブーツは、利用可能な最良の素材で作成され、悪天候にも十分に耐えうる強度があることを保証いたします。当社ブーツの素材や仕上がりに欠陥があるようでしたら、購入時の梱包で請求書を添えて、製造業者宛てに返送してください。当社の全製品は購入日から1年以内でしたら、返品に対して全額を返金させていただくか、交換いたします。

　サイズの問題に伴う使用済みブーツの返品はお受けいたしかねます。戸外でお使いになったブーツの返品もご遠慮ください。

　通常の消耗によってブーツが損傷した場合には、本保証は適用されません。

　購入日から1年を過ぎても明らかに仕上げの問題により起きた損傷の場合には、新しいブーツ購入の際に50パーセントの割引をさせていただきます。これは製造業者の査定と承認に基づくものです。製造業者の判断を最終のものといたします。

[②手紙]
ラグド・ウォーカー
顧客サービス部
グリーン・ドライブ3892番地
プレストン、ミシガン州

ご担当者様

　先週、御社のハイキングブーツを購入しましたが、請求書とともに返品させていただきます。すみませんが、保証書が求める元の梱包で返品することができませんでした。これはその店の最後の一足で、展示されていたものです。ですので、購入した際に箱がありませんでした。このことが返金に影響しないことを希望します。店員の方は展示品も保証対象だとおっしゃっていました。

　このブーツを返品するのは、ヒールが欠けているように見えるからです。全額返金を希望しますが、それができない場合には、交換をお願いいたします。

　お手数をおかけいたします。

敬具
クリストファー・ワーシング

設問・選択肢訳

44. ワーシングさんは購入したブーツをどうしていますか。
　(A) それを製造業者に送る
　(B) それを店に返品する
　(C) それを別のサイズのものと交換する
　(D) それを展示する

45. 購入者がブーツを屋外ではくと、どうなりますか。
(A) そのブーツは壊れる。
(B) 損傷が証明されない限り、保証は無効となる。
(C) 彼らはそれらを異なったサイズのものに交換できる。
(D) 彼らは次の購入時に50パーセントの割引を受けることができる。

46. どんなときに購入者は、新しいブーツの購入に対して50パーセントの割引を受けることができますか。
(A) 購入後2カ月
(B) 購入者が新しいブーツを買いたいときならいつでも
(C) 保証が切れる前、それらが店に送り返されれば
(D) 保証が切れても、製造業者が欠陥があることを承認すれば

47. ワーシングさんは何を心配していますか。
(A) 店の展示見本
(B) ブーツの梱包
(C) ブーツのヒールのひび
(D) 返金を受ける可能性

48. ワーシングさんは何を受け取りたいですか。
(A) 彼のブーツの代わりの展示見本
(B) 返金または新しいブーツ一足
(C) 彼のブーツのための新しいヒール
(D) 返金と箱の交換

● ボキャブラリー

- **warranty** 名保証（書）
- **flaw** 名欠陥；傷
- **refund** 名返金　動返金する
- **wear and tear** 摩耗；消耗
- **defect** 名欠陥
- **be subject to** 〜に従う；〜を条件とする
- **indicate** 動示す；指示する
- **crack** 動ひびを入れる；割る　名ひび；欠け
- **fall apart** 崩れる；ばらばらになる
- **invalid** 形無効の
- **expire** 動期限が切れる；失効する
- **withstand** 動耐える
- **workmanship** 名仕上がり；技量
- **up to** 〜まで
- **proven** 形証明された
- **credit** 名割引（の権利）
- **store clerk** 店員

COLUMN 6 ▶ 買い物

- refund　動返金する　名返金
- exchange / replacement　名交換
- acceptable　形(クレジットカードなどが)使える
- clearance sale　在庫一掃セール
- haggle　動値切る
- bargain-hunter　名お買い得品あさり
- rip-off　名ぼったくり
- markdown　名値下げ　◆mark down　値下げする

COLUMN 7 ▶ 開発・製造

- specifications　名仕様
- R & D (research and development)　研究開発
- phase　名段階；工期
- facility　名設備
- equipment　名機器
- module　名複合部品(複数の部品を組み込んだ部品)；半製品
- inspection　名検品；視察
- logistics　名物流(業務)
- subcontractor　名下請業者
- procure　動調達する　◆procurement　名調達

Tips ① ボキャブラリーのフォーカス

　TOEICのボキャブラリーは、「ビジネス指向」、「国際英語」、「社会生活の常用語」という特徴がある。受験英語の基礎がある人なら、こうした特性を踏まえて語彙を増強するのが効率的だ。

◎**ビジネス指向**→仕事で使う基本語彙は必須。「経営」「会計」「景気」「株式」「求人」「業務」「役職」「給与」「保険・年金」など、項目別に基本的なものを覚えてしまおう。そのテーマの問題が出たときにまとめて学習すると、イメージしやすいため定着率が高くなる。

◎**国際英語**→TOEICはアメリカのテスト機関ETSで作成されているが、基本は国際英語である。アメリカ風のスラングやアメリカ色の強いイディオムはほとんど使われない。イディオムは、基本的な動詞句を中心に覚えていくのが効率的。turn down（拒絶する）、comply with（[規則などに] 従う）、mark down（値下げする）など、ビジネスシーンで常用するものを覚えておこう。

◎**社会生活の常用語**→受験英語でお目にかからないものが意外にある。curbと言えば「道路脇の縁石」のことだし、gatedと言えば「門のある（塀で囲まれ安全性を確保された）」という住宅地を修飾する語である。「街の風景」「インテリア」「天気予報」「レシピ」「自動車」「リサイクル」など、こちらもジャンル別にまとめて覚えておくとよい。

　また、覚える際には、動詞や形容詞はできることなら例文で、名詞もできれば1語ずつではなく連語（board of directors [取締役会]、supply room [備品室] など）で覚えればイメージとして記憶しやすい。

模擬テスト2

2回目の模擬テストに挑戦しましょう。
問題数は本試験と同じ48問です。
すべてを解ききる練習のため48分で解答しましょう。
砂時計で「残り時間」を表示します。

制限時間 **48分**

問　　題　☞78ページ
正解と解説　☞102ページ

模擬テスト２＞問題

Questions 1-3 refer to the following survey.

Attention all employees:

We are conducting surveys in order to assess how satisfied workers are at our firm. It is mandatory that you take the survey, but it is not necessary to disclose your names. If you agree with the statements below, circle "T" for "true." If you disagree, circle "F" for "false."

#1		
I enjoy my job.	T	F

#2		
I am never bored with my work.	T	F

#3		
I would never search for a different position.	T	F

#4		
My work means a lot to me.	T	F

#5		
My work is very challenging.	T	F

#6		
I am very happy with my current salary.	T	F

#7		
I am able to work independently.	T	F

Please hand in this form at the front desk.

1. Why is this survey being conducted?
   (A) To find out how the bosses feel about their employees
   (B) To find out how the employees feel about their bosses
   (C) To find out how the employees feel about their jobs
   (D) To find out how many employees there are at the company

   Ⓐ Ⓑ Ⓒ Ⓓ

2. What is every employee required to do?
   (A) Answer the survey
   (B) Give their names
   (C) Write their salary requirements
   (D) Complain to the boss

   Ⓐ Ⓑ Ⓒ Ⓓ

3. What should an employee do if his or her opinion differs from a statement on the form?
   (A) Fire the boss
   (B) Quit the company
   (C) Circle the "T"
   (D) Circle the "F"

   Ⓐ Ⓑ Ⓒ Ⓓ

GO ON TO THE NEXT PAGE.

Questions 4-6 refer to the following classified ad.

FOR SALE

Like-new TechNik 1000 laptop computer for sale by original owner. It's only a year old, and has 800 MB of RAM. This laptop does everything—it burns CDs, and the hard disk has been partitioned for storage so that you can keep all your documents on a separate drive. It's loaded with all the latest software; including multimedia and editing programs. Perfect for those who need a powerful machine that has a lot of multimedia functions. All original application CDs included. It has been upgraded and customized in the past month. The asking price is $2,500, but is negotiable.

---

4. What has been done to this computer's hard disk?
   (A) It has been replaced.
   (B) It has been put inside a car.
   (C) It has been split into two sections.
   (D) It has been sold.

5. Who would benefit the most from this computer?
   (A) Those who want to send e-mail messages only
   (B) Those who don't want to burn CDs
   (C) Those who need to use it for word processing only
   (D) Those who need a machine with multimedia capabilities

6. What can a potential buyer do about the price?
   (A) Wait 60 days before paying
   (B) Discuss it with the owner
   (C) Get half off with a coupon
   (D) Take out a loan with the owner

Questions 7-8 refer to the following notice.

NOTICE

The east wing of the building will be inaccessible from Friday, June 6 to Wednesday, June 11 due to termite inspections and general maintenance. The parking lot for the east wing will also be unavailable during that time. All those with offices in the east wing will temporarily be moved to the second and third floors of the north and south wings. We also ask that you do not use the west wing elevators on June 6, as they will be under repair. We appreciate your cooperation as we try to create a better working environment for you.

7. What is the purpose of this notice?
   (A) To close the east wing of the building
   (B) To alert workers of changes to parts of the building
   (C) To warn the workers about termites
   (D) To maintain the quality of work

   Ⓐ Ⓑ Ⓒ Ⓓ

8. Where will the east wing workers be situated during the inspections and maintenance?
   (A) On a couple of floors of the north and south wings
   (B) On the top floor of the west wing
   (C) On the second and third floors of the east wing
   (D) On the west wing near the elevators

   Ⓐ Ⓑ Ⓒ Ⓓ

GO ON TO THE NEXT PAGE.

Questions 9-11 refer to the following warranty.

Karltin's Lifetime Warranty

All Karltin toaster ovens are warranted to the original purchaser for the lifetime of the product from the date of purchase. We guarantee that our ovens and their components are free of defects and damage. This refers to any imperfections that would restrict the use of our product. This warranty only applies to normal use. We will not compensate or exchange for items that have been damaged by the purchaser. This includes improper usage and modifications to the product. The terms of this warranty may vary according to state law. This guarantee will only cover the costs of material for repair or exchange of flawed items, and all claims must be made in writing and sent, along with the oven and original receipt, to:

Karltin Ovens
5689 Jenner Lane
Boston, MA 83767

9. How long is the warranty good for?
   (A) 40 days
   (B) Indefinitely
   (C) One year
   (D) Three years

   Ⓐ Ⓑ Ⓒ Ⓓ

10. What does the warranty apply to?
    (A) Only ovens that were bought directly from Karltin
    (B) Only ovens that have been used properly
    (C) Only ovens damaged by the user
    (D) Only ovens that have been altered

    Ⓐ Ⓑ Ⓒ Ⓓ

11. What must a customer do to make a claim?
    (A) Write it out and send it
    (B) Complain to the company president
    (C) Send a fax to the manufacturer
    (D) Call a representative

    Ⓐ Ⓑ Ⓒ Ⓓ

GO ON TO THE NEXT PAGE.

★★★ Questions 12-14 refer to the following information.

The following information is brought to you by the Legal Affairs Department

Employers that have workers who are in positions that have some degree of danger are asked to follow certain precautions. By federal law, employers must guarantee that their workers are protected from injury and are provided a safe working space. Workers are entitled to refuse any job that they deem unsafe, and in some cases, are allowed to leave the premises.

If an employer fails to provide reasonable precautions, employees are urged by the legal department to contact a labor law attorney before they decide to refuse or perform dangerous work.

Please remember that the safety of the workers is the most important aspect of any dangerous job.

If you need further information about workplace safety, contact us at (678) 037-7822.

12. What are employers required to do by law?
    (A) Contact a labor law attorney
    (B) Ensure the safety of their workers
    (C) Manage the workplace well
    (D) Make sure the workers leave the premises

    Ⓐ Ⓑ Ⓒ Ⓓ

13. What does the worker have the right to do in unsafe conditions?
    (A) Close down the business
    (B) Harm the employer
    (C) Refuse to do the work
    (D) Ask for more money

    Ⓐ Ⓑ Ⓒ Ⓓ

14. What should a worker do before performing a dangerous job?
    (A) Refuse to talk to the employer
    (B) Consult a lawyer
    (C) Consult their employer
    (D) Leave the premises

    Ⓐ Ⓑ Ⓒ Ⓓ

GO ON TO THE NEXT PAGE.

Questions 15-18 refer to the following report.

Video Games an Inspiration for Theft

Police officers were baffled about a string of car thefts from parking garages last week. Over 100 cars had been stolen, and most were found damaged at various places around town. It wasn't until yesterday, when the police caught one of the perpetrators, did they discover that the thieves were mimicking a popular video game called "Car Thief."

In it, the player must steal as many cars as possible, drive them recklessly until they are damaged, and abandon them. This latest incident has once again raised the question of whether or not video games cause people to commit crimes or become violent.

Yesterday, hundreds of concerned parents picketed outside the offices of the creator of Car Thief, HamPro Inc. The parents demanded that the company stop manufacturing games that they consider harmful to their children's mental health. Needless to say, the debate over the effects of these games continues.

15. What was the reaction of the police when they first learned of the stolen cars?
    (A) They knew immediately that the crimes were inspired by video games.
    (B) They did not know the reasons behind the thefts.
    (C) They started wrapping the cars with string.
    (D) They started mimicking a video game.

    Ⓐ Ⓑ Ⓒ Ⓓ

16. What is the object of the "Car Thief" video game?
    (A) To steal cars and return them to the parking garage
    (B) To steal cars, wreck them and leave them somewhere
    (C) To steal cars and sell them to the highest bidders
    (D) To steal cars and leave them at the police station

    Ⓐ Ⓑ Ⓒ Ⓓ

17. What continues to be debated?
    (A) The prices of video games
    (B) What kind of games cause people to become violent
    (C) Whether or not people commit crimes
    (D) The effect that video games have on people

    Ⓐ Ⓑ Ⓒ Ⓓ

18. What did hundreds of parents do?
    (A) Demand that HamPro manufacture more games
    (B) Build picket fences in front of HamPro
    (C) Hold signs in front of HamPro
    (D) Donate money to mental health agencies

    Ⓐ Ⓑ Ⓒ Ⓓ

GO ON TO THE NEXT PAGE.

Questions 19-22 refer to the following article.

People concerned about aging are using a new product that they claim can turn back the clock at least ten years. StarFX emulsion is a new herbal cream that is designed to eliminate fine lines and deep wrinkles on the face and crow's feet around the eyes. This product can only be purchased online, and supplies are quickly running out. Recent clinical trials have proven the effectiveness of this product, as 8 out of 10 test subjects reported improvements in the texture of their skin. Out of these subjects, over half said that they would continue to use the product. The new solution has also proven to thicken the skin, which helps to reduce wrinkle depth, more than over-the-counter creams and lotions. It's an expensive alternative to the products in the store, but fans of StarFX say it's worth it.

19. What is StarFX emulsion used to treat?
   (A) Deep cuts
   (B) Stretch marks
   (C) Signs of aging
   (D) Lines on the feet

   Ⓐ Ⓑ Ⓒ Ⓓ

20. Where can this product be purchased?
   (A) Over-the-counter
   (B) At the drugstore
   (C) In the grocery store
   (D) On the Internet

   Ⓐ Ⓑ Ⓒ Ⓓ

21. How many test subjects said they would continue to use the product?
   (A) The small percentage that saw no results
   (B) Half of all the test subjects
   (C) More than half of those that saw results
   (D) 8 out of 10

   Ⓐ Ⓑ Ⓒ Ⓓ

22. What can the product do better than over-the-counter products?
   (A) Make wrinkles shallow
   (B) Improve acne
   (C) Make wrinkles deeper
   (D) Create more crow's feet

   Ⓐ Ⓑ Ⓒ Ⓓ

GO ON TO THE NEXT PAGE.

Questions 23-24 refer to the following form.

We at Lenimans take pride in our quality customer service. If you are dissatisfied with either our services or products, please write out your concerns on the form below and send it to us. To send us other comments or questions, please use our general inquiry form.

Name	
Mailing Address	
E-mail Address	
Tel/Fax	
Subject of Complaint	
Describe Complaint	

Please do not be discouraged if we cannot answer your complaint immediately.

We will handle all complaints to our discretion. Please indicate in the description of the complaint whether or not you would like a representative to contact you. For product returns or defects, please contact customer service at 378-8292-9284.

Please note that we are not responsible for the advice or actions of unrelated sources.

23. What should a customer do with this form?
    (A) Answer a complaint
    (B) Receive a complaint
    (C) Return a product
    (D) Lodge a complaint

24. What is Lenimans not responsible for?
    (A) Reimbursing the customer for damaged goods
    (B) Losing the customer's complaint form
    (C) Any advice from companies that are not affiliated with them
    (D) Any advice from the customer service representatives

Questions 25-28 refer to the following manual.

Part 1
How to attach and remove the lens to the Nacor 12 camera

Step 1: Remove the black cap attached to the camera body by turning it fully clockwise.

Step 2: Locate the red dot on the camera body. Pick up the lens to be mounted, and locate the red dot.

Step 3: Line up the dots, insert the lens into the body and twist counterclockwise until it clicks and locks. The lens release button located on the left-hand side of the camera body should pop out.

Step 4: To remove the lens, press the lens release button and twist the lens clockwise until the red dots are lined up. Remove the lens.

Warning: Make sure that the lens is properly inserted and secured in the camera body before using.

25. How is the cap to the camera body removed?
    - (A) By removing some screws
    - (B) By first lining up the red dots
    - (C) By twisting it to the left
    - (D) By turning it to the right

    Ⓐ Ⓑ Ⓒ Ⓓ

26. What first must be found before attaching the lens to the body?
    - (A) The red dots
    - (B) The lens cap
    - (C) The lens release button
    - (D) The lens cleaner

    Ⓐ Ⓑ Ⓒ Ⓓ

27. How is the lens attached?
    - (A) By unlocking it until it clicks
    - (B) By inserting it at the dots and turning the lens to the left
    - (C) By twisting the lens to the right
    - (D) By lining up the lens release buttons and turning the lens

    Ⓐ Ⓑ Ⓒ Ⓓ

28. What must be done before using the camera?
    - (A) The user must be in a secure location.
    - (B) The lens must be properly in its place.
    - (C) The lens must be removed properly.
    - (D) The camera body cap must be left on.

    Ⓐ Ⓑ Ⓒ Ⓓ

GO ON TO THE NEXT PAGE.

Questions 29-33 refer to the following table and e-mail message.

NHC Planning Inc. Business Plan

Table of Contents

1.0 Executive Plan
    1.1 Goals
    1.2 Summary
    1.3 Market Predictions

2.0 Products
    2.1 Online Service Summary
    2.2 Projections

3.0 Market Analysis
    3.1 Target Market
    3.2 Strategies

4.0 Financial Plan
    4.1 3-year projections

NHC Planning, Inc. provides high-tech business solutions to online companies. The company now has a total of 600 corporate clients, and is expecting to increase that number to 1,500 by the year's end.

To: Linda Hayes
From: Patrick Franklin
Subject: NHC Planning's business plan

Dear Linda,

Thank you for taking the time to go over NHC's business plan with us yesterday. Everyone was impressed with your presentation, and now we have a better idea of NHC's corporate goals.

As you know, our marketing director, Michael Hardy, could not attend the meeting. But he looked over the meeting minutes and was particularly interested in the market predictions section of the business plan. It seems that he would like to make a few additions to that section and would like to meet with you. He is our top man when it comes to marketing research, so I think his additions will be of value to your company.

Please let us know at your earliest convenience when you would be able to meet with Michael.

I look forward to hearing from you.

Regards,
Patrick

29. What is the main purpose of Mr. Franklin's e-mail to Ms. Hayes?
    (A) To tell her the value of his company
    (B) To introduce her to Michael Hardy
    (C) To inform her about additions made to her plan
    (D) To set up a meeting with Michael Hardy

30. What is one of the things the plan's market analysis covered?
    (A) Data on the kinds of employees the company will have
    (B) Data on the types of customers the company is trying to attract
    (C) Data about online services and products
    (D) Data on which teams will win a ball game

31. What was detailed in the financial plan section of the business plan?
    (A) How much money the company expects to take in over the next few years
    (B) How the company will serve its 600 corporate clients in three years
    (C) What kind of projector to use during presentations
    (D) Rules on how to play a game

32. What can Michael Hardy do for NHC?
    (A) He can become its market researcher.
    (B) He can become the company's top man.
    (C) He can improve its business plan.
    (D) He can set up meetings with its staff.

33. What would Mr. Franklin like Ms. Hayes to do?
    (A) Meet with him soon
    (B) Come to the meeting earlier
    (C) Contact him as soon as possible
    (D) Make some additions to his plan

GO ON TO THE NEXT PAGE.

Questions 34-38 refer to the following handout and memo.

Changes in Training Techniques
Effective from the third-quarter session

1. Process overview: Will be given by the section manager rather than a veteran employee. The method will still be decided by the general manager.
2. Production process: Will be more in-depth and should be explained by a veteran employee that has over ten years experience.
3. Hands-on training: Will be extensive and conducted by both the general manager and a veteran employee.
4. Training manual: Will be updated more often and include a company mission statement.
5. Training sessions: Will be conducted twice quarterly.

Please contact Joseph Mack in the Personnel Department if you have any questions.

MEMORANDUM

DATE: October 5
TO: Gary Hillard
FROM: Joseph Mack
SUBJECT: Sales Department Third Quarter Training

I have sent a handout to the staff that defines the new training techniques added to this latest session. However, some people in your department have expressed concern because they have not received the handout. I would like to send it as a pdf file to all the employees in your department. I have a list of names and e-mail addresses, but I believe that there are a few new people that I don't have any information on. Please forward their names and e-mail addresses within the next few days.

Thanks for your cooperation.

34. What was changed in the process overview part of the training?
    (A) The general manager will decide the training method.
    (B) It will be conducted by the general manager.
    (C) The section manager will come up with the training techniques.
    (D) A veteran employee will no longer do the training.

    Ⓐ Ⓑ Ⓒ Ⓓ

35. How often will training sessions be conducted?
    (A) Twice a year
    (B) Four times a year
    (C) Eight times a year
    (D) Twice a month

    Ⓐ Ⓑ Ⓒ Ⓓ

36. What will be included in the training manual from now on?
    (A) A passage about the company's goals
    (B) Statistics about the company
    (C) A message from the CEO to the employees
    (D) A detailed history of the company

    Ⓐ Ⓑ Ⓒ Ⓓ

37. What prompted Mr. Mack to send this memo?
    (A) Some staff members didn't receive the handout he had sent out.
    (B) He wanted to let Mr. Hillard know about the training session.
    (C) The new staff in Mr. Hillard's department demanded to see the handouts.
    (D) Some staff members complained about the contents of the handout.

    Ⓐ Ⓑ Ⓒ Ⓓ

38. What would Mr. Mack like to receive from Mr. Hillard?
    (A) A pdf file from the entire staff
    (B) A pdf file from the new employees
    (C) Names and e-mail addresses of his entire department
    (D) Names and e-mail addresses of new workers

    Ⓐ Ⓑ Ⓒ Ⓓ

GO ON TO THE NEXT PAGE.

Questions 39-43 refer to the following list and letter.

HAPCO INC. POWER TOOLS
Price changes

Item	Price as of April 1	Adjusted price
Rotary hammer	$630.00	$820.00
Air compressor	$250.00	$330.00
Cordless drill	$ 95.00	$102.00
Grinder	$ 55.00	$ 95.00
Circular saw	$265.00	$379.00
Cordless jig saw	$210.00	$325.00

Price changes only apply to items listed
Please direct all shipping and handling inquiries to our shipping department 1-808-555-0389 ext. 278

June 11th

John S. Davis
Zelan Hardware.
389 Oakgrove Street, Suite 501
Pittsburg, PA 25448

Dear Mr. Davis:

It has been a great pleasure to serve you in the past, and we look forward to doing business with you again the future.

Due to the downturn in the economy and the poor exchange rate, we have endured a significant increase in our operating costs.

Our first aim is to please our customers, but we will not be able to properly serve them if our business suffers severe losses. Regrettably, we have no choice but to increase our prices. We are confident, however, that you will find our tools are still made from the finest materials and reasonably priced.

I have enclosed a copy of our new price list, which is effective immediately.

We sincerely hope that you will continue to be pleased with our superior products. We look forward to your business.

Sincerely,

David Pritchard
President
Hapco Inc.

39. What is the purpose of this letter?
   (A) To complain to the customer about price changes
   (B) To notify a customer of price changes
   (C) To ask a customer about price changes
   (D) To blame the customer for price changes

   Ⓐ Ⓑ Ⓒ Ⓓ

40. When will the prices change?
   (A) Next year
   (B) Immediately
   (C) April 1
   (D) Next month

   Ⓐ Ⓑ Ⓒ Ⓓ

41. What has happened to Hapco?
   (A) It has had to pay more for product materials
   (B) It has had to pay more to run its business
   (C) It has exchanged its tools
   (D) It has lost revenue

   Ⓐ Ⓑ Ⓒ Ⓓ

42. Which item has had the biggest price adjustment?
   (A) Circular saw
   (B) Cordless jig saw
   (C) Rotary hammer
   (D) Air compressor

   Ⓐ Ⓑ Ⓒ Ⓓ

43. What is this letter urging the customer to do?
   (A) Copy the price list
   (B) Continue doing business with the company
   (C) Start buying more products
   (D) Change his prices

   Ⓐ Ⓑ Ⓒ Ⓓ

GO ON TO THE NEXT PAGE.

Questions 44-48 refer to the following help wanted ad and fax message.

Product Manager

Kerns, the leading department store in the U.S., is currently seeking a product manager to manage the product development division. The right candidate would manage a team of product developers and development coordinators. The product manager must also correspond with vendors to create products that are within the budget.

Position responsibilities:
- Meet regularly with management from other sections to maintain product expectations
- Recommend necessary changes to products to remain competitive
- Direct development of products
- Attend appropriate meetings to plan new product designs
- Manage the process of development from planning to completion

Competitive salary and other benefits offered. Interested candidates should fax a résumé to (909)6388-0822. Deadline for application is June 1.

FACSIMILE

TO: Kerns (909)6388-0822
FROM: Beth Reardon (909)5578-0267
PAGES: 3

Dear Sir or Madam,

I'm writing in response to your advertisement for a product manager. I have been seeking this kind of position, and would love to have the opportunity to work for your company.

I believe that my background and experience are just what you're looking for. I have over six years experience in product development and management. I also have extensive experience in product design.

I am a person that keeps up with the latest technology in order to improve products that I have designed and developed. I'm a team player who is fully committed to my career.

Please look over my qualifications and let me know if I would be an asset to your company.

Thank you for your time. I look forward to hearing from you.

Sincerely,
Beth Reardon

44. Why is Ms. Reardon sending a fax to Kerns?
    (A) To advertise a position
    (B) To offer a position
    (C) To state her position
    (D) To apply for a position   Ⓐ Ⓑ Ⓒ Ⓓ

45. Who would the product manager manage?
    (A) A sports team
    (B) Developers and coordinators
    (C) Management from other departments
    (D) Vendors   Ⓐ Ⓑ Ⓒ Ⓓ

46. What must the manager do with the vendors?
    (A) Concur with them
    (B) Condemn them
    (C) Confine them
    (D) Confound them   Ⓐ Ⓑ Ⓒ Ⓓ

47. What is one of the benefits offered with this position?
    (A) The salary will be below industry standards.
    (B) The candidate will have to pay for benefits.
    (C) The salary will be at the same level or higher than what competitors offer.
    (D) The candidate will have to compete with others to get a salary.   Ⓐ Ⓑ Ⓒ Ⓓ

48. What kind of a candidate is Ms. Reardon?
    (A) One who changes careers often
    (B) One who has little experience in product design
    (C) One who works best independently
    (D) One who works well with other employees
                                         Ⓐ Ⓑ Ⓒ Ⓓ

お疲れさまでした

模擬テスト2＞正解と解説

Questions 1-3

1. 正解：(C)
▶第1文のin order to以下に、assess how satisfied workers are at our firm（社員がこの会社にどれほど満足しているかを評価する）という、この調査の目的が明記されている。assessをfind outに、workersをemployeesに、how satisfied ... at our firmをfeel about their jobsに、それぞれパラフレーズした(C)が正しい。

2. 正解：(A)
▶設問のbe required to（～することが求められる）に対応する表現は、第2文のmandatory（義務である）。続くthat以下の「調査に参加すること」がmandatoryの内容である。(A)の「この調査に答える」が最適。

3. 正解：(D)
▶設問のa statement on the formは「この書式の記述（アンケート項目）」を指す。if his or her opinion differs from a statement on the formとは、すなわち「書式の記述に同意できない」ということで、本文（冒頭の説明文の最終文）ではIf you disagreeと表現されている。そのときにはcircle "F"（Fを丸で囲む）なので、正解は(D)。

● 訳

設問1～3は次の調査に関するものです。

全社員に：
　社員がこの会社にどれほど満足しているかを評価するために、調査を実施しています。調査に参加することは必須ですが、氏名を公表する必要はありません。以下の記述に同意される場合には、「はい」のTを丸で囲んでください。同意されない場合には、「いいえ」のFを丸で囲んでください。

#1　私は仕事を楽しんでいる。　　　　　　　　T　F
#2　私は仕事にうんざりしていない。　　　　　T　F
#3　私は今とは違ったポストを求めていない。　T　F
#4　私の仕事は自分にとって大きな意味がある。T　F
#5　私の仕事は非常にやりがいがある。　　　　T　F
#6　私は現在の給与に非常に満足している。　　T　F
#7　私は自立して仕事をすることができる。　　T　F

　この書式を受付に提出してください。

設問・選択肢訳

1. この調査はなぜ行われているのですか。
　(A) 上司が社員をどのように感じているかを見極めるため
　(B) 社員が上司をどのように感じているかを見極めるため
　(C) 社員が仕事をどのように感じているかを見極めるため
　(D) 何人の社員がこの会社にいるかを見極めるため

2. すべての社員は何をする必要がありますか。
　(A) この調査に答える
　(B) 氏名を示す
　(C) 給与の希望額を書く
　(D) 上司に不満を言う

3. 社員は自分の意見がこの書式の記述と違っている場合には、何をすべきですか。
　(A) 上司を解雇する
　(B) 会社を辞める
　(C) Tを丸で囲む
　(D) Fを丸で囲む

ボキャブラリー

- ☐ survey 名調査
- ☐ **assess** 動評価する
- ☐ **mandatory** 形義務の；強制的な
- ☐ **disclose** 動公開する；開示する
- ☐ statement 名記述；陳述
- ☐ circle 動丸で囲む
- ☐ be bored with ～にうんざりした
- ☐ independently 副自立して
- ☐ **requirement** 名希望；要件
- ☐ fire 動解雇する
- ☐ quit 動辞職する；やめる

Questions 4-6

4. 正解：(C)

▶ハードディスクについての記述は、第3文後半に ... and the hard disk has been partitioned for storage so that you can keep all your documents on a separate drive.とある。「書類を別のドライブに保存できるよう、保存用にパーティションを区切っている」という意味。つまり、2つの部分に分割されているということで、(C)が正解となる。

5. 正解：(D)

▶第3文前半に、This laptop does everything—it burns CDs, ... とあるほか、第4文にIt's loaded with all the latest software; including multimedia and editing programs.とこのノートパソコンの機能が紹介されている。さらに、第5文にはPerfect for those who need a powerful machine that has a lot of multimedia functions.と、どんな人にふさわしいかも明示されている。適切なのは(D)のみ。

6. 正解：(B)

▶価格については最後に、The asking price is $2,500, but is negotiable.とある。negotiableは「交渉によって変更可能」という、契約などにおける常用表現。したがって、「話し合える」とする(B)が正しい。

なお、discussは辞書には「議論する」という語義が載っているが、実際には「話し合う」というソフトなニュアンスで使うことが多い。

● 訳

設問4～6は次の分類広告に関するものです。

売ります

　新品同様のテクニク1000ノートパソコンが購入元の所有者から販売されます。使用期間はわずか1年で、800メガバイトのRAMを搭載しています。このノートパソコンはあらゆることができます——CDを焼き込むことができますし、すべての書類を別のドライブに保存するため、ハードディスクは保存用にパーティションを区切ってあります。マルチメディアや編集のプログラムなど、最新のソフトをすべて搭載しています。多彩なマルチメディア機能を持った強力なマシンが欲しい人にぴったりです。オリジナルのアプリケーション・ソフトのCDも同梱します。この1カ月にアップグレードとカスタマイズを行っています。希望価格は2500ドルですが、交渉に応じます。

設問・選択肢訳

4. このコンピュータのハードディスクには何がなされていますか。
(A) それは取り替えられている。
(B) それは車の中に設置されている。
(C) それは2つのセクションに分割されている。
(D) それは売られてしまった。

5. このコンピュータからだれが最も恩恵を受けますか。
(A) 電子メール・メッセージの送付だけをしたい人
(B) ＣＤの焼き込みをしたくない人
(C) ワープロのみにそれを使用したい人
(D) マルチメディア機能のあるマシンが必要な人

6. 買い手になる人は価格について何ができますか。
(A) 支払いまで60日間待つ　　　　(B) 所有者とそれについて話し合う
(C) クーポン券で半額の割引を受ける　(D) 所有者からローンを受ける

●ボキャブラリー

- □ burn　動（CDなどに）焼き込む
- □ partition　動（ハードディスクに）仕切りを入れる；分割する
- □ **storage**　名保存　　　　□ separate　形別の；分離した
- □ be loaded with　〜を搭載した
- □ **upgrade**　動（ソフトを）最新のものにする；（品質などを）高める
- □ **customize**　動カスタマイズする；好みに合わせて改造する
- □ **negotiable**　形交渉可能な；交渉余地のある
- □ **replace**　動交換する；取り替える
- □ split　動分割する

COLUMN 8 ▶ コンピュータ

- □ start up　起動する；立ち上げる　◆shut down　電源を切る
- □ delete　動削除する　　　　□ duplicate　動コピーする
- □ embed　動埋め込む
- □ archive　名保管；アーカイブ　動保管する
- □ activate　動アクティブにする；起動する
- □ retrieve　動検索する　　　　□ reboot　動再起動する
- □ compress　動圧縮する　◆uncompress / unzip　動解凍する
- □ initialize　動初期化する　　□ optimize　動最適化する
- □ justify　動字詰めを調整する　□ font　名書体；フォント
- □ removable　形取り外し可能な

Questions 7-8

7. 正解：(B)
▶第1文に ... be inaccessible from Friday, June 6 to Wednesday, June 11 due to termite inspections and general maintenance.とあることから、「ビルの東棟」が利用できない期間は6日間なので、「閉鎖する」とする(A)は誤り。また、第3文にはAll those with offices in the east wing will temporarily be moved to the second and third floors of the north and south wings.と、「北棟と南棟へ移動すべき」とする東棟利用者への指示が書かれているので、この告知の直接的な目的は「建物の一部への移動について就業者に注意を促すこと」とする(B)が妥当。(D)の「労働の質を確保すること」は、点検と保守の目的であり、この告知の目的ではない。

8. 正解：(A)
▶前問で引いた第3文の ... temporarily be moved to the second and third floors of the north and south wings.より、(A)の「北・南棟の2つの階」が正解。

● 訳

設問7～8は次の告知に関するものです。

お知らせ

　この建物の東棟は、シロアリ被害の点検と一般的な保守のため、6月6日金曜日から6月11日水曜日まで利用できなくなります。東棟の駐車場もこの期間、ご利用になれません。東棟に事務所を持っている方は一時的に、北棟および南棟の2階および3階に移転してください。また、西棟のエレベーターは修理のため、6月6日はご利用なさいませんようお願いいたします。皆様のためより良い職場環境を作ろうとしておりますので、ご協力をお願いいたします。

設問・選択肢訳

7. この告知の目的は何ですか。
   (A) このビルの東棟を閉鎖すること
   (B) 建物の一部への移動について就業者に注意を促すこと
   (C) シロアリについて就業者に警告すること
   (D) 労働の質を確保すること

8. 東棟で働く人は点検と保守の期間中、どこにいることになりますか。
   (A) 北・南棟の2つの階
   (B) 西棟の最上階
   (C) 東棟の2階と3階
   (D) 西棟のエレベーター近く

● ボキャブラリー

- inaccessible 形入れない；近づけない
- termite 名シロアリ
- **inspection** 名検査；点検
- parking lot 駐車場
- **temporarily** 副一時的に
- alert 動警告する；注意する 名警告

COLUMN 9 ▶ リサイクル

- dispose of 〜を処分する；〜を廃棄する ◆disposal 名処分；廃棄
- littering 名ゴミのポイ捨て
- pollution 名汚染；公害 ◆pollute 動汚染する
- discharge 動投棄する 名投棄
- incineration 名焼却 ◆incinerate 動焼却する
- landfill 名埋め立てゴミ処理場
- hazardous 形危険な
- toxic 形有毒な
- substance 名物質
- compound 名化合物 ◆mixture 名混合物
- burnable garbage 燃えるゴミ
- carbon dioxide 二酸化炭素
- emission / exhaust gas 排気ガス
- stratospheric ozone 成層圏オゾン ◆ozone layer オゾン層

Questions 9-11

9. 正解：(B)
▶保証期間については、第1文にfor the lifetime of the product from the date of purchaseと書かれている。第2文以降には、保証対象となる条件については書かれていても、期間についてのこれ以上具体的な記述はない。したがって、(B)の「定まっていない」を選ぶのが妥当。

10. 正解：(B)
▶保証対象となる条件については、本文第2文から第6文までに詳細が明記されている。(A)は記述がない。(B)の「適切に使われているオーブンのみ」は第4文のThis warranty only applies to normal use.（この保証は通常の使用にのみ適用される）に対応するので、これが正解。(C)の「使用者に損傷されたオーブンのみ」は第5文のWe will not compensate or exchange for items that have been damaged by the purchaser.という条件に反する。(D)の「改造されたオーブンのみ」も第6文のThis includes improper usage and modifications to the product.に反して、誤答である。なお、modificationsは「改造」の意味。

11. 正解：(A)
▶クレームの表明法については、最終文に、all claims must be made in writing and sent, along with the oven and original receipt, to: ...とある。「書いて、送る」とする(A)が正しい。

● 訳　設問9～11は次の保証書に関するものです。

カールティン社ライフタイム保証

　カールティンのすべてのオーブントースターは第一購入者に対して、購入日から製品寿命の期間保証されます。当社のオーブンとその部品に欠陥や損傷がないことを保証します。これは当社製品の使用を制限するすべての不具合を意味します。この保証は通常の使用にのみ適用されます。購入者によって損傷された製品の補償や交換には応じかねます。これには不適切な使用や製品の改造を含みます。本保証の条件は州法に従って変わります。本保証は欠陥製品の修理素材または交換の費用のみを補償するものです。すべてのクレームは書面にて、当該オーブンと原物の領収書を添えて、カールティン・オーブンズ（ジェンナー・レーン5689番地、ボストン、マサチューセッツ州83767）までご送付ください。

設問・選択肢訳

9. 保証はどれくらい有効ですか。
   (A) 40日間
   (B) 定まっていない
   (C) 1年間
   (D) 3年間

10. 保証は何に適用されますか。
   (A) カールティンから直接購入したオーブンのみ
   (B) 適切に使われているオーブンのみ
   (C) 使用者に損傷されたオーブンのみ
   (D) 改造されたオーブンのみ

11. 顧客はクレームをつけるのに何をしなければなりませんか。
   (A) それを書いて、送る
   (B) 会社の社長に不平を言う
   (C) 製造業者にファクスを送る
   (D) 代理店に電話する

ボキャブラリー

- **component** 名部品
- **defect** 名欠陥
- refer to 〜を意味する；〜に言及する
- **imperfection** 名不具合
- **restrict** 動制限する
- **compensate for** 〜を補償する；〜を埋め合わせる
- **modification** 名改造
- state law （米国の）州法
- flawed 形欠陥のある
- indefinitely 副定めなく
- **alter** 動改造する；変更する

Questions 12-14

12. 正解：(B)
▶第1パラグラフの第1文からも予測はできるが、第2文にはBy federal law, employers must guarantee that their workers are protected from injury and are provided a safe working space.（連邦法により、雇用主は、社員が怪我をしないよう保護され、安全な職場を与えられることを保証しなければならない）と明示されている。(B)が正解。

13. 正解：(C)
▶第1パラグラフ最終文のWorkers are entitled to refuse any job that they deem unsafe, and in some cases, are allowed to leave the premises.に注目。deemとは法律文書に頻出する表現で「～と見なす」という意味。つまり、労働者は「安全でないと見なすいかなる仕事も拒否する権利がある」ということ。したがって、(C)が正解。(D)については問題文中に記述がない。

14. 正解：(B)
▶before performing a dangerous jobと似通った表現は、第2パラグラフに ...before they decide to refuse or perform dangerous work.とある。その直前を見ると、employees are urged by the legal department to contact a labor law attorneyということなので、「a labor law attorney（労働法専門の弁護士）に相談すること」が奨励されていることが分かる。attorneyをlawyerに言い換えた(B)が正しい。

● 訳
設問12～14は次の情報に関するものです。

次の情報は司法省から通達されたものです。

　社員をある程度の危険水準の業務に就かせている雇用主は、一定の予防措置に従うことが求められます。連邦法により、雇用主は、社員が怪我をしないよう保護され、安全な職場を与えられることを保証しなければなりません。社員は安全でないと見なすいかなる業務も拒否する権利があり、場合によっては、職場を離れることが許されます。

　雇用主が適切な予防措置を講じることを怠った場合には、社員は危険な業務を拒否するか実行する前に、労働法の専門弁護士に相談することを司法省は奨励しています。

　社員の安全こそが危険業務の最重要な側面であることにご留意ください。

　職場の安全についてさらに情報が必要な場合には、(678) 037-7822にまでご連絡ください。

設問・選択肢訳

12. 雇用主は法律により何をすることを求められますか。
 (A) 労働法の専門弁護士に接触すること
 (B) 社員の安全を確保すること
 (C) 職場を良好に管理すること
 (D) 社員が職場を離れることを確かめること

13. 安全でない状況において、社員は何をする権利を持っていますか。
 (A) 事業をうち切る
 (B) 雇用主に危害を加える
 (C) その仕事をすることを拒否する
 (D) さらに多くのお金を要求する

14. 危険な仕事を実行する前に、社員は何をするべきですか。
 (A) 雇用主と話すことを拒否する
 (B) 弁護士に相談する
 (C) 彼らの雇用主に相談する
 (D) 職場を離れる

ボキャブラリー

- ☐ **be brought to** 〜に提供される
- ☐ **employer** 名雇用主
- ☐ **degree** 名程度；度合い
- ☐ **federal** 形連邦政府の
- ☐ **deem** 動〜と見なす
- ☐ **labor law** 労働法
- ☐ **ensure** 動保証する
- ☐ **close down** 閉鎖する
- ☐ **consult** 動相談する
- ☐ **precaution** 名予防措置
- ☐ **be entitled to** 〜する権利がある
- ☐ **premises** 名建物；施設；敷地
- ☐ **attorney** 名弁護士
- ☐ **make sure** 確かめる

COLUMN 10 ▶ 法律

- ☐ **article** 名条
- ☐ **paragraph** 名項
- ☐ **constitution** 名憲法
- ☐ **civil codes** 民法
- ☐ **penal codes** 刑法
- ☐ **in accordance with / pursuant to** 〜（法令・条文など）に従って
- ☐ **stipulate / provide for** 規定する
- ☐ **refer to** 〜を指す；〜のことを言う
- ☐ **apply** 動適用する
- ☐ **said** 形当該 ◆said person（当該人物）
- ☐ **take effect** 発効する
- ☐ **bar** 名法曹界
- ☐ **liable** 形法的責任がある ◆liability 名法的責任

Questions 15-18

15. 正解：(B)
▶ 時間の推移の確認が必要で、カギになる表現はIt wasn't until yesterday, when ...。昨日以前と以後の警察の対応に注目しよう。昨日以前には、第1パラグラフ第1文にあるように、Police officers were baffled about a string of car thefts ...（警官は一連の自動車の窃盗事件に困惑していた）のだから、(B)の「窃盗事件の背後の理由が分からなかった」が最適である。ビデオゲームとの関連性が浮かび上がるのは、昨日、犯人の1人が逮捕された後のこと。したがって、(A)は誤り。

16. 正解：(B)
▶ ビデオゲームの内容は、第2パラグラフ第1文のIn it, ...の後に書かれている。このitは直前の文の"Car Thief"というタイトルのゲームを指す。the player must steal as many cars as possible, drive them recklessly until they are damaged, and abandon them.から、プレイヤーは「できるだけたくさん車を盗む」→「壊れるまで無謀な運転をする」→「乗り捨てる」ことが求められる。(B)がこの内容に沿った記述である。なお、wreckは「壊す」という意味。

17. 正解：(D)
▶ debateは名詞として第3パラグラフ最終文に使われている。Needless to say, the debate over the effects of these games continues.とあることから、「こうしたゲームの影響が議論され続けている」ということが読みとれる。(D)がこの記述に最も近い。なお、(B)のような「ビデオゲームの種類」による暴力性の違いについては、明確な記述がない。

18. 正解：(C)
▶ 第3パラグラフの冒頭に、hundreds of concerned parents picketed outside the offices of the creator of Car Thief, HamPro Inc.とある。picketは「デモを行う」という意味。次の文にThe parents demanded that ...と書かれていることからも、(C)のhold signs（プラカードを掲げる）が適切。(B)のpicket fencesは「[家の周りにめぐらす] 杭垣（くいがき）」のこと。

●訳　設問15～18は次のリポートに関するものです。

ビデオゲームが窃盗をあおる

先週、駐車場から連続して乗用車が盗まれた事件に、警察官たちは困惑していた。100台を超える乗用車が盗まれ、ほとんどが町周辺のさまざまな場所で損傷を受けた状態で発見された。ようやく昨日になって、警察は犯人の1人を拘束し、窃盗犯らが人気のビデオゲーム『自動車泥棒』の模倣をしていたことが明らかになった。

設問・選択肢訳

15. 盗まれた車について初めて知ったとき、警察の反応はどんなものでしたか。
　(A) 彼らはすぐにその犯罪がビデオゲームに触発されたものであることが分かった。
　(B) 彼らはその窃盗事件の背後の理由が分からなかった。
　(C) 彼らは車にひもを巻きつけ始めた。
　(D) 彼らはビデオゲームを模倣し始めた。

16. ビデオゲーム『自動車泥棒』の目標は何ですか。
　(A) 車を盗み、それを駐車場に戻すこと
　(B) 車を盗み、壊し、どこかに放置すること
　(C) 車を盗み、最高価格を提示した人に売り払うこと
　(D) 車を盗み、警察署に放置すること

17. 何が議論され続けているのですか。
　(A) ビデオゲームの価格
　(B) どんな種類のビデオゲームが人々を暴力的にするか
　(C) 人々が犯罪を犯すかどうかということ
　(D) ビデオゲームが人々に与える影響

18. 何百人もの親たちは何をしましたか。
　(A) ハムプロがもっとゲームを製造するよう要求する
　(B) ハムプロの前に杭垣を作る
　(C) ハムプロの前でプラカードを掲げる
　(D) 精神衛生機関に献金する

▼
　そのゲームの中では、プレイヤーはできるだけたくさんの車を盗み、壊れるまで無謀に運転してから、乗り捨てなければならない。この最近の事件によって、ビデオゲームは人々を犯罪に走らせたり、暴力的にするか否かという問題が再びクローズアップされている。
　昨日、不安に駆られた何百人もの親たちが、『自動車泥棒』の製造業者、ハムプロ社のオフィスの前でデモを行った。親たちは、同社が子供の心の健康に有害と思われるゲームの製造をやめることを要求した。言うまでもなく、こうしたゲームの影響をめぐる議論はずっと続いているものだ。

ボキャブラリー

- ☐ inspiration 名刺激するもの
- ☐ theft 名窃盗
- ☐ be baffled about ～に当惑する
- ☐ **a string of** 一連の～
- ☐ perpetrator 名加害者；実行者
- ☐ **mimic** 動模倣する
- ☐ recklessly 副無謀に
- ☐ **incident** 名事故；事件
- ☐ cause ... to ～ …に～をさせる
- ☐ **picket** 動デモを行う
- ☐ bidder 名入札者

Questions 19-22

19. 正解：(C)
▶第2文の ... is designed to eliminate fine lines and deep wrinkles on the face and crow's feet around the eyes.にスターＦＸ乳液の効能が述べられている。「顔の小皺や深い皺、カラスの足跡を除去する」ことであるが、これに該当する表現が選択肢にはない。第１文を振り返って見ると、People concerned about aging ...とあることから、この乳液の対象者はaging、つまり老化に悩む人であることが理解できる。最適なのは(C)である。(A)のcutは「切り傷」、(B)のstretch marks（伸展線）とは肥満時などにできる皮膚の線条のこと。

20. 正解：(D)
▶第３文の前半に、This product can only be purchased online, ...とあることから、online（＝on the web：ネット上で）で購入できることが分かる。(D)が正解。

21. 正解：(C)
▶数量表現については、8 out of 10とover halfの２種類があり、かつ連動している点に注意。Out of these subjects, over half said that they would continue to use the product.から、「半数以上がこの製品を使い続ける意向を示している」ことが分かるが、out of these subjectsのtheseは前文を受け、「皮膚の組織の改善を見た被験者」に限定している。まとめると、被験者全体の80パーセントが「皮膚の組織に改善」が見られ、その半数以上が「製品の継続購入の意向」を示している。したがって、(B)は誤りで、(C)が正解。

22. 正解：(A)
▶over-the-counter products（店頭販売商品）との比較は、最後から２番目の文に、The new solution has also proven to thicken the skin, which helps to reduce wrinkle depth, more than over-the-counter creams and lotions.と書かれている。reduce wrinkle depth（皺の深さを低下させる）効能が店頭商品より高いことが読みとれる。(A)が正しい。(B)のacne（にきび）については、問題文中に記述がない。

● 訳　設問19〜22は次の記事に関するものです。

　老化が気になる人は、10年以上時間を戻せるという新製品を利用しています。スターＦＸ乳液は、顔の小皺や深い皺、目の周りのカラスの足跡（目尻の皺）を除去するように調合された新しい薬草クリームです。この製品はオンラインだけで購入できるもので、在庫が早くも底をつきかけています。最近の治験は、この製品の効果を証明しており、被験者10人のうち8人が皮膚の組織に改善が見られたと報告しています。これら被験者の半数以上がこの製品を使い続けると話しました。この新しい溶液は皮膚を厚くすることも証明されており、このため店頭で販売されているクリームやローション以上に、皺のみぞを減少させることができるのです。これは店頭商品よりも高価ですが、スターＦＸの虜となった人は、それだけの価値があると話しています。

設問・選択肢訳

19. スターＦＸ乳液は何を治すために使われますか。
   (A) 深い切り傷
   (B) 伸展線
   (C) 老化の兆候
   (D) 脚のライン

20. この製品はどこで購入できますか。
   (A) 店頭で
   (B) 薬局で
   (C) 食料雑貨店で
   (D) インターネットで

21. 何人の被験者がこの製品を使い続けると言いましたか。
   (A) 結果の現れなかった低いパーセンテージの人々
   (B) すべての被験者の半数
   (C) 結果が現れた人の半数以上
   (D) 10人のうち8人

22. この製品は店頭商品よりも何をよくできますか。
   (A) 皺を浅くする
   (B) にきびを治す
   (C) 皺を深くする
   (D) カラスの足跡をもっと作る

ボキャブラリー

- □ **aging** 名老化
- □ **claim** 動主張する
- □ **turn back the clock** 時間を戻す
- □ **emulsion** 名乳液
- □ **herbal** 形薬草の
- □ **eliminate** 動除去する
- □ **fine line** 小皺
- □ **wrinkle** 名皺
- □ **crow's feet** カラスの足跡（目尻の皺）
- □ **run out** 底を尽く
- □ **clinical trial** 治験；臨床実験
- □ **test subject** 被験者
- □ **texture** 名組織；生地
- □ **solution** 名溶液；解決法
- □ **thicken** 動厚くする
- □ **over-the-counter** 形 名店頭販売（の）；市販（の）
- □ **alternative to** 〜に代わる
- □ **acne** 名にきび

COLUMN 11 ▶ ヘルスケア

- □ **premium** 名保険料
- □ **coverage** 名適用範囲
- □ **recipient** 名受給者
- □ **pharmacy** 名薬局
- □ **prescribe** 動処方する　◆**prescription** 名処方；処方薬
- □ **antibiotics** 名抗生物質
- □ **nursing care / home care** 介護
- □ **flu / influenza** 名インフルエンザ
- □ **hospitalize** 動入院させる　◆**hospitalization** 名入院
- □ **ambulance** 名救急車
- □ **first aid** 応急処置

Questions 23-24

23. 正解：(D)

▶ この書式の用途は、説明文の第2文にIf you are dissatisfied with either our services or products, please write out your concerns on the form below and send it to us.と明記されている。この会社のサービスや製品について、クレームを表明するための書式であることが理解できる。(D)のlodgeは「提出する」の意で、これが正解となる。(A)や(B)はむしろ、送付先の会社側を主体とした記述で、不適切。

24. 正解：(C)

▶ responsibleという表現は最終文に使われている。Please note that we are not responsible for the advice or actions of unrelated sources.とあり、「unrelated sources（関係のない出所）についての忠告や行為には責任が持てない」ということが読みとれる。(C)の「この会社に関係のない会社からの忠告」が適切。be affiliated withは「〜に関係する」という意味の重要表現。

● 訳　設問23〜24は次の書式に関するものです。

　当社レニマンズは質の高い顧客サービスを自負しております。当社のサービスや製品にご不満をお持ちの際には、以下の書式にご不満をご記入のうえ、当社までお送りいただければと思います。他のご意見・ご質問をお送りくださる場合には、一般問い合わせ書式をご利用ください。

氏名
郵便の住所
メールアドレス
電話／ファクス番号
ご不満の件名
ご不満の内容

　即座にご不満にお答えできないこともありますので、ご了承ください。
　すべてのご不満は当社の裁量により処理させていただいております。担当者からの連絡をお望みかどうかを「ご不満の内容」欄に明記してください。製品の返品や欠陥につきましては、378-8292-9284のお客様サービス係にご連絡ください。
　無関係な出所からの忠告・行為につきましては責任を負いかねますので、ご了解のほどよろしくお願いいたします。

設問・選択肢訳

23. 顧客はこの書式で何をすべきですか。
   (A) 不満に答える
   (B) 不満を受ける
   (C) 製品を返品する
   (D) 不満を提出する

24. レニマンズは何に責任を持ちませんか。
   (A) 損傷のある製品について顧客に返金すること
   (B) 顧客のクレーム書式を紛失すること
   (C) この会社に関係のない会社からの忠告
   (D) 顧客サービス担当からの忠告

●ボキャブラリー
- be dissatisfied with　〜に不満足で
- **inquiry**　名問い合わせ；質問
- discourage　動がっかりさせる；落胆させる
- **discretion**　名裁量
- description　名概要；描写
- unrelated　形無関係な
- **lodge**　動提出する；提供する
- **reimburse**　動払い戻す；弁済する
- **be affiliated with**　〜と関係がある

Questions 25-28

25. 正解：(D)
▶ Step 1がRemove the black cap ... で始まっている。取り外す方法はby以下にturning it fully clockwiseと書かれている。ポイントはclockwiseで、これは「時計回りに＝右回りに」の意味。したがって、(D)の「それを右回りに回すことによって」が正解となる。

26. 正解：(A)
▶ 設問ではfound（find）が使われているが、問題文ではlocate（見つける）と表現されている。Step 2のPick up the lens to be mounted, ... の前の文で、Locate the red dot on the camera body.と説明されている。(A)の「赤い点」を見つけなければならない。

27. 正解：(B)
▶ Step 3の第1文を参照。Line up the dots, insert the lens into the body and twist counterclockwise until it clicks and locks.から、「（赤い）点を揃える」→「レンズを本体に挿入する」→「反時計回りに回す」→「カチッと音がしてロックされる」という手順が理解できる。counterclockwiseは「反時計回りに＝左回りに」の意。したがって、(B)が正しい。

28. 正解：(B)
▶ before usingという表現は最後のWarningの項目にある。Make sure that the lens is properly inserted and secured in the camera body ...（レンズがきちんと挿入されて安定した状態かどうかを確かめる）ということ。これに最も近いのは(B)の「レンズが適切に装着されていなければならない」。(A)のように「カメラのユーザーが安全な場所にいなければならない」とは書かれていない。

● 訳

設問25〜28は次のマニュアルに関するものです。

パート1
ナコール12カメラのレンズ着脱法

手順1：時計回り方向に1回転させることによって、カメラ本体に付いている黒いキャップを取り外す。

手順2：カメラ本体の赤い点を見つける。装着するレンズを手に取り、赤い点を探す。

手順3：赤い点同士が揃うようにレンズを本体に挿入し、カチッと音がしてロックされるまで反時計回りに回転させる。カメラの左側にあるレンズ取り外しボタンが飛び出すはずです。

手順4：レンズを取り外すには、レンズ取り外しボタンを押して、赤い点が揃うまでレンズを時計回りに回す。レンズを取り外す。

▼

設問・選択肢訳

25. カメラ本体のキャップはどのように取り外しますか。
(A) いくつかのネジを外すことによって
(B) まず赤い点を揃えることによって
(C) それを左回りに回すことによって
(D) それを右回りに回すことによって

26. レンズを本体に取り付ける前に何を見つけるべきですか。
(A) 赤い点
(B) レンズのキャップ
(C) レンズ取り外しボタン
(D) レンズ・クリーナー

27. レンズはどのようにして装着されますか。
(A) カチッと音がするまでそれを開錠することによって
(B) 点に合わせてそれを挿入し、レンズを左回りに回転させることによって
(C) レンズを右回りに回転させることによって
(D) レンズ取り外しボタンを揃え、レンズを回転させることによって

28. カメラを使う前に何がなされねばなりませんか。
(A) ユーザーが安全な場所にいなければならない。
(B) レンズが適切に装着されていなければならない。
(C) レンズが適切に取り外されなければならない。
(D) カメラ本体のキャップを付けたままでなければならない。

▼
注 意：お使いになる前に、レンズがカメラ本体にきちんと挿入されて、安定した状態かどうかを確かめてください。

● ボキャブラリー
- ☐ **attach** 動付ける；装着する
- ☐ **remove** 動取り外す
- ☐ **clockwise** 副時計回りに；右回りに
- ☐ **locate** 動見つける
- ☐ **dot** 名点；ドット
- ☐ **mount** 動取り付ける；搭載する
- ☐ **line up** 揃える
- ☐ **insert** 動挿入する
- ☐ **twist** 動回す
- ☐ **counterclockwise** 副逆時計回りに；左回りに
- ☐ **pop out** 飛び出す
- ☐ **secure** 動固定する；確保する

Questions 29-33

29. 正解：(D)
▶「メール」を見ると、本文の第1パラグラフは「事業計画のプレゼンに対する謝礼」、第2パラグラフは「マイケル・ハーディーの意見の追加」、第3パラグラフは「マイケルとの打ち合わせの依頼」となっている。(C)か(D)が候補だが、(C)のように、additions made to her plan（彼女の計画に対する追加事項）を具体的に説明しているわけではない。したがって、(D)の「マイケル・ハーディーとの会議を設定すること」が適切。

30. 正解：(B)
▶「表」の3.0 Market Analysis（市場分析）の項目を見ると、3.1 Target Marketと3.2 Strategiesの2つの細目がある。Target Market（対象市場）とは、具体的に表現すれば(B)の「この会社が訴求しようとしている顧客の種類についてのデータ」と言える。Strategies（戦略）について、パラフレーズして説明した選択肢は見当たらないので、(B)を選ぶ。

31. 正解：(A)
▶financial planについては、「表」の4.0に4.1 3-year projectionsとある。「3年間にわたる予測」という意味。これを説明的に記述したのが、(A)の「次の数年間、会社がどれくらいの金額を収益として上げるか」。いずれにしても、財務（＝お金）について説明した選択肢は(A)しかない。なお、take inは「獲得する；収益を上げる」の意。

32. 正解：(C)
▶「メール」の本文の第2パラグラフに「マイケル・ハーディーが意見を加えたい」という記述がある。He is our top man when it comes to marketing research, so I think his additions will be of value to your company.という文から、「彼（＝マイケル）の追加意見があなたの会社に役立つ」という文意が読み取れる。この部分を「彼は事業計画を改善することができる」とパラフレーズした(C)が正解。

33. 正解：(C)
▶相手に求めるアクションは、「メール」の最後のほうに書かれていることが多い。第3パラグラフにPlease let us know at your earliest convenience when you would be able to meet with Michael.とある。「いつマイケルに会えるかを、できるだけ早く知らせてほしい」ということなので、meet withをcontactに、at your earliest convenienceをas soon as possibleに言い換えた(C)が正解である。

設問29〜33は次の表とメールに関するものです。

[①表]
NHCプランニング社事業計画

目次
1.0 　経営計画
　1.1 　目標
　1.2 　概要
　1.3 　市場予測
2.0 　製品
　2.1 　オンライン・サービス概要
　2.2 　予測
3.0 　市場分析
　3.1 　対象市場
　3.2 　戦略
4.0 　財務計画
　4.1 　3カ年の予測

　NHCプランニングは先端技術のビジネス・ソリューションをオンライン企業に提供している。当社は現在、600社の企業顧客を抱え、年末までにその数を1500社にまで増加できる見込みである。

[②メール]
受信者：リンダ・ヘイズ
送信者：パトリック・フランクリン
件名：NHCプランニングの事業計画

リンダ様

昨日は私たちと共にNHCの事業計画を検討していただきましてありがとうございます。全員があなたのプレゼンに感銘を受けました。私たちはNHCの企業目標をよく理解することができました。

ご承知のように、当社のマーケティング部長のマイケル・ハーディーは会議に出席できませんでした。しかし、会議の議事録に目を通して、事業計画の市場予測の項目に特に関心を持ちました。彼はその項目にいくつか追加したいことがあるそうで、あなたにお会いしたいとのことです。市場調査に関して彼は当社のトップですので、彼の追加意見は御社にとっても有益と思います。

マイケルにお会いできる日を早急にお知らせください。

お返事をお待ちしております。

敬具
パトリック

模擬テスト2＞正解と解説

設問・選択肢訳

29. フランクリンさんのヘイズさん宛てのメールの主目的は何ですか。
(A) 彼の会社の価値を彼女に伝えること
(B) 彼女をマイケル・ハーディーに紹介すること
(C) 彼女に彼女の計画への追加意見を知らせること
(D) マイケル・ハーディーとの会議を設定すること

30. この計画の市場分析が対象としたものの1つは何ですか。
(A) この会社が雇用する社員の種類のデータ
(B) この会社が訴求しようとする顧客の種類のデータ
(C) オンラインのサービスと製品についてのデータ
(D) どのチームが野球に勝つかというデータ

31. 事業計画の財務計画の項目では何が詳細に言及されていましたか。
(A) 次の数年間、会社がどれくらいの金額を収益として上げるか
(B) この会社が3年間で600社の企業顧客にどのようにサービスを提供するか
(C) プレゼンテーションにどんな種類のプロジェクターを使用するか
(D) ゲームの遊び方についてのルール

32. マイケル・ハーディーはNHCのために何をすることができますか。
(A) 彼は市場調査係になることができる。
(B) 彼はその会社のトップになることができる。
(C) 彼はその事業計画を改善できる。
(D) 彼はそのスタッフとの会議を設定できる。

33. フランクリンさんはヘイズさんに何をしてほしいですか。
(A) 彼とすぐに会う
(B) 会議に早めに来る
(C) できるだけ早く彼に連絡する
(D) 彼の計画にいくつか追加意見を加える

●ボキャブラリー

- [ ] **executive** 形経営の
- [ ] **projection** 名予測；見通し
- [ ] **strategy** 名戦略
- [ ] **corporate** 形会社の
- [ ] **minutes** 名議事録
- [ ] **ball game** 球技；野球
- [ ] **take in** ～を獲得する；（収益を）上げる
- [ ] **prediction** 名予測
- [ ] **analysis** 名分析
- [ ] **financial** 形財務の
- [ ] **go over** 検討する
- [ ] **addition** 名追加（意見）

Questions 34-38

34. 正解：(D)
▶「配付資料」の1. Process overview（工程概要）を見る。「veteran employee（ベテラン社員）ではなくsection manager（課長）によって行われる。方法は今後、general manager（本部長）によって決定される」とある。(A)か(D)が候補だが、ここのthe methodはProcess overviewのmethodであり、training methodのmethodではない。したがって、(D)の「ベテラン社員はもはや研修を行わない」を選ぶ。

35. 正解：(C)
▶「配付資料」の5. Training sessionsを見ると、Will be conducted twice quarterly.と説明されている。quarterlyは「四半期単位に」という意味で、twiceとあるので、「3カ月に2回」ということ。1年なら8回となるので、(C)が正解。

36. 正解：(A)
▶includeという言葉は「配付資料」の4. Training manualにある。Will ... include a company mission statement.と書かれているので、含まれるものはcompany mission statement（企業の使命声明文）である。mission（使命）はgoals（目標）と言い換えられ、またstatement（声明文）はpassage（文章）と同様の意味。したがって、(A)が正解。

37. 正解：(A)
▶ 設問のpromptという動詞は「促す」という意味で、urgeなどと同義。send this memoの理由を問う設問である。「メモ」の本文第2文にHowever, some people in your department have expressed concern because they have not received the handout.とあり、「送ったはずの資料をsome people in your departmentが受け取っていないと言っている」ことが読みとれる。発信者は第3文でもう一度it（＝the handout）をpdfファイル形式で送ると書いていることから、第2文が理由に当たることは明らか。(A)に絞り込めるはず。

becauseやas、due toなど理由を明示する表現が見つからない場合は、文脈から理由を表す文を見つけよう。　落とし穴

38. 正解：(D)
▶「メモ」の終わりの方にあるPlease forward their names and e-mail addresses within the next few days.に注目。このtheirは前文からa few new people that I don't have any information on、すなわち「マック氏が情報を持っていない新入社員」のことを指す。また、forwardの相手先は文脈からマック氏である。(D)が正しい。

● 訳

設問34～38は次の配付資料とメモに関するものです。

[①配付資料]
研修技術の変更
第3四半期セッションより実施

1. 工程概要：ベテラン社員ではなく課長によって行われる。方法は今後とも、本部長によって決定される。
2. 生産工程：さらに深化され、経験10年以上のベテラン社員によって説明されるべきである。
3. 実地研修：広範囲に及ぶので、本部長およびベテラン社員の双方により行われる。
4. 研修マニュアル：さらに頻繁に更新され、会社の使命宣誓文を含むものとなる。
5. 研修会：1四半期に2回実施される。

質問のある方は人事部のジョゼフ・マックまでご連絡ください。

[②メモ]
社内連絡

日付：10月5日
受信者：ゲイリー・ヒラード
発信者：ジョゼフ・マック
件名：販売部の第3四半期研修

　今回の最新セッションに加えられた新しい研修技術を規定する資料を社員に送付いたしました。しかし、あなたの部の何人かが資料を受け取っていないということで、心配していました。あなたの部の全社員宛てに資料をpdfファイルで送りたいと思います。私は氏名とメールアドレスの一覧を持っていますが、情報のない新入社員が数人いると思います。彼らの氏名とメールアドレスを2、3日中に送付していただければと思います。
　ご協力に感謝します。

設問・選択肢訳

34. この研修の工程概要の部分で何が変更になりましたか。
(A) 本部長が研修方法を決定する。
(B) それは本部長によって行われる。
(C) 課長が研修技術を考案する。
(D) ベテラン社員はもはや研修を行わない。

35. 研修会はどれくらいの頻度で行われますか。
(A) 1年に2回　　　　　　　　(B) 1年に4回
(C) 1年に8回　　　　　　　　(D) 1カ月に2回

36. 今後、研修マニュアルには何が含まれますか。
   (A) 企業目標についての文章
   (B) 会社に関する統計データ
   (C) 最高経営責任者から社員へのメッセージ
   (D) 会社の詳しい沿革

37. どうしてマックさんはこのメモを送付したのですか。
   (A) 社員の何人かが彼が送付した資料を受け取っていなかったから。
   (B) 彼はヒラードさんに研修セッションについて知らせたかったから。
   (C) ヒラードさんの部の新入社員がその資料を見たいと求めたから。
   (D) 何人かの社員が資料の内容について苦情を言ったから。

38. マックさんはヒラードさんから何を受け取りたいのですか。
   (A) 全社員からのpdfファイル
   (B) 新入社員からのpdfファイル
   (C) 彼の部全員の氏名とメールアドレス
   (D) 新入社員の氏名とメールアドレス

ボキャブラリー

- □ **handout** 名(配布)資料；プリント
- □ **effective** 形効力のある　□ **quarter** 名四半期
- □ **session** 名集まり；講座；セッション
- □ **overview** 名概観；概要　□ **method** 名手段；方法
- □ **hands-on** 形実地の；直接の　□ **extensive** 形広範囲の
- □ **mission statement** 使命声明文
- □ **personnel department** 人事部
- □ **define** 動規定する；定義する
- □ **pdf file** pdfファイル（アドビ・システムズ社が開発したAcrobat Readerに対応したソフト形式）
- □ **forward** 動転送する；送る
- □ **prompt** 動促す；駆り立てる　形迅速な

Questions 39-43

39. 正解：(B)
▶「手紙」は、本文の第1パラグラフが挨拶、第2パラグラフは厳しい事業環境の説明 (the downturn in the economy and the poor exchange rate) で、この手紙の主旨ははっきりとは分からない。第3パラグラフにようやく、Regrettably, we have no choice but to increase our prices.と値上げを通告する文が登場する。また、最終パラグラフには、We sincerely hope that you will continue to be pleased with our superior products.と、製品の値上げについて（受取人の）顧客に了解を求める文がある。したがって、(B)が最適である。

40. 正解：(B)
▶「リスト」にPrice as of April 1（4月1日現在の価格）とAdjusted price（改定価格）が併記されている。ここから4月1日の価格は「旧価格」であることが分かる。「リスト」にこれ以上の情報はないので「手紙」と見ると、本文の第4パラグラフにI have enclosed a copy of our new price list, which is effective immediately.と書かれている。「新価格」は即座に（immediately）適用される。(B)が正解である。

41. 正解：(B)
▶ヘイプコ社に起こったことは、「手紙」の第2パラグラフにDue to the downturn in the economy and the poor exchange rate, we have endured a significant increase in our operating costs.と書かれている。経済の失速と為替レートの悪化によって、この会社は「事業経費の急増に苦しんでいる」ことが分かる。operateをrun its businessに言い換えて、「事業を行うのに経費がかかるようになった」とする(B)が最適。(D)については、似通った記述が第3パラグラフにあるが、ここではif our business suffers severe lossesと仮定の話である。したがって、「収益を失った」と断定している(D)は誤り。

42. 正解：(C)
▶価格変更についての設問なので「リスト」のほうを見る。変更幅が一番大きいのは630ドルから820ドルに190ドル上昇するRotary hammerである。

43. 正解：(B)
▶urgeの類似表現は、「手紙」の本文には出てこない。したがって、文面から探るしかないが、手紙で相手に行動を促す文章は終わりの方にある確率が高い。最終パラグラフのWe sincerely hope that you will continue to be pleased with our superior products. We look forward to your business.（当社の良質の製品に引き続きご満足いただければうれしいのですが。御社のお役に立てることを期待しております）という文章は、顧客に取引の継続をお願いする文面である。(B)が正解。

● 訳

設問39〜43は次のリストと手紙に関するものです。

[①リスト]
ヘイプコ社　動力工具
価格変更

品目	4月1日時点の価格	改定価格
ロータリーハンマー	630.00ドル	820.00ドル
空気圧縮機	250.00ドル	330.00ドル
コードレスドリル	95.00ドル	102.00ドル
研磨機	55.00ドル	95.00ドル
丸鋸	265.00ドル	379.00ドル
コードレス糸鋸	210.00ドル	325.00ドル

価格変更はリスト上の品目のみに適用されます。
すべての発送・取り扱いについてのお問い合わせは、1-808-555-0389（内線278）の当社配送部までお願いいたします。

[②手紙]
6月11日

ジョン・S・デイビス　　ゼラン・ハードウェア社
オークグローブ・ストリート389番地　501号
ピッツバーグ、ペンシルバニア州25448

親愛なるデイビス様

　これまでお客様のお役に立てましたことは誠に光栄であり、これからもまたご一緒にお仕事をさせていただければ幸いです。
　経済の失速と為替レートの悪化によって、私共は事業経費の急増に苦しんでおります。
　当社の第一目標はお客様に満足していただくことですが、会社が大きな赤字を被るようでは、お客様に適切に対応することができません。申し訳ありませんが、私共には価格を引き上げる以外に選択肢がありません。しかしながら、お客様には当社製品が今も最上の素材により製造され、お求めやすい価格であることをご理解いただけるものと思います。
　当社の新価格リストを同封いたします。新価格はすぐに適用されます。
　当社の良質の製品に引き続きご満足いただければ幸いです。御社のお役に立てることを期待しております。

敬具

デイビッド・プリチャード
社長
ヘイプコ社

設問・選択肢訳

39. この手紙の目的は何ですか。
 (A) 価格変更について顧客に苦情を言うこと
 (B) 顧客に価格変更を知らせること
 (C) 価格変更について顧客に尋ねること
 (D) 価格変更をこの顧客のせいにすること

40. いつ価格が変更になりますか。
 (A) 来年 (B) 即時に
 (C) 4月1日 (D) 来月

41. ヘイプコに何が起こりましたか。
 (A) それは製品の素材にさらに経費がかかるようになった。
 (B) それは事業を運営するのにさらに経費がかかるようになった。
 (C) それは道具を交換した。
 (D) それは収益を失った。

42. 最大の価格調整があったのはどの品目ですか。
 (A) 丸鋸 (B) コードレス糸鋸
 (C) ロータリーハンマー (D) 空気圧縮機

43. この手紙は顧客に何をするよう促していますか。
 (A) 価格リストをコピーすること (B) この会社とビジネスを継続すること
 (C) さらに多くの製品を買い始めること (D) 価格を変更すること

● ボキャブラリー

- ☐ **as of** 〜付けの；〜現在の
- ☐ **adjust** 動調整する
- ☐ **rotary** 形回転式の
- ☐ **air compressor** 空気圧縮機
- ☐ **grinder** 名研磨機
- ☐ **jig saw** 糸鋸
- ☐ **ext. (= extension)** 名内線
- ☐ **due to** 〜によって；〜という理由で
- ☐ **downturn** 名下降；沈滞
- ☐ **exchange rate** 為替レート
- ☐ **endure** 動耐える
- ☐ **operating costs** 事業経費；運営費
- ☐ **aim** 名目標
- ☐ **severe** 形厳しい
- ☐ **regrettably** 副残念ながら
- ☐ **reasonably** 副手頃に；合理的に
- ☐ **superior** 形高品質の；優れた
- ☐ **notify ... of 〜** …に〜について知らせる
- ☐ **blame ... for 〜** 〜のことで…を非難する

Questions 44-48

44. 正解：(D)
▶「ファクス」の第1パラグラフを確認しよう。第1文のI'm writing in response to your advertisement for a product manager.（製品部長募集の広告を拝見して、連絡させていただいております）および、第2文後半のwould love to have the opportunity to work for your company.（御社で働く機会がいただけましたら幸いです）から、(D)の「仕事に応募するため」が正解と分かる。

45. 正解：(B)
▶「求人広告」の本文第2文のThe right candidate would manage a team of product developers and development coordinators.に着目。The right candidateは前文のproduct managerを受ける。管理するのは「製品開発者と開発コーディネーターのチーム」である。(B)が正しい。

46. 正解：(A)
▶「求人広告」の本文第3文のThe product manager must also correspond with vendors to create products that are within the budget.から、vendors（供給メーカー）と「連絡を取る」ことが分かるが、ここで問題なのはむしろ選択肢それぞれの動詞の意味。concur with（〜と協力する）、condemn（非難する）、confine（監禁する）、confound（困惑させる）から、(A)が正解と判断できる。

47. 正解：(C)
▶「求人広告」の最後にCompetitive salary and other benefits offered.とある。competitiveは「競争力のある」という意味だが、ここではsalaryを修飾するので、「競争力のある（給与）→他の会社より高い（給与）」という意味になる。この意味が正しく理解できるかどうかがポイント。(C)が正しい。

48. 正解：(D)
▶Reardonさんがどんな候補者であるかが問われているので、「ファクス」を見る。彼女の自己アピールは第2・第3パラグラフに書かれている。第2パラグラフには「製品開発およびマネジメントの経験が6年以上（I have over six years experience in product development and management.）」、「製品設計の広範な経験（I also have extensive experience in product design.）」、第3パラグラフには「最新技術に詳しい（I am a person that keeps up with the latest technology）」、「チームプレイヤーである（I'm a team player）」とある。最後の点が、(D)の「他の社員と一緒にうまく仕事をする候補者」と一致する。

設問44〜48は次の求人広告とファクスに関するものです。

[①求人広告]
製品部長

　アメリカ有数のデパートであるカーンズ社が現在、製品開発部を統括する製品部長を募集しています。採用された場合には、製品開発者と開発コーディネーターのチームを管理することになります。製品部長はまた、予算内で製品を製造するために供給メーカーとやりとりを行う必要があります。

業務内容：
・製品の顧客満足を維持するため、他の部門の管理者と定期的に打ち合わせを行う
・競争力を維持するため、製品に必要な変更を提案する
・製品開発を統括する
・新製品企画のための適切な会議に出席する
・計画から完成まで開発プロセスを管理する

　他社を上回る給与とその他手当が支給されます。関心のある応募者は、(909) 6388-0822まで、履歴書をファクスで送付してください。応募の締め切りは6月1日です。

[②ファクス]
ファクシミリ

受信者：カーンズ社 (909) 6388-0822
発信者：ベス・リアドン (909) 5578-0267
枚数：3枚

ご担当者様

　製品部長募集の広告を拝見して、連絡しております。私はこのタイプの仕事を探しておりましたので、ぜひ御社で働きたいと思います。
　私の経歴および経験は御社の求めているものに合致すると思います。私は製品開発およびマネジメントの経験が6年以上あります。また、製品の設計についても幅広い経験を有しています。
　私は自分が設計・開発した製品を改良するために、最新の技術を把握しております。私は自分の仕事に全面的に打ち込むチームプレイヤーです。
　私の資格をご覧いただき、御社のお役に立てるかどうかお教えください。

　よろしくお願いいたします。お返事をお待ちしております。

敬具
ベス・リアドン

設問・選択肢訳

44. なぜリアドンさんはカーンズ社にファクスを送っているのですか。
- (A) 仕事を宣伝するため
- (B) 仕事を提供するため
- (C) 彼女の仕事を明言するため
- (D) 仕事に応募するため

45. 製品部長はだれを管理しますか。
- (A) スポーツチーム
- (B) 開発者とコーディネーター
- (C) 他の部門の管理職
- (D) 供給メーカー

46. この部長は供給メーカーと何をしなければなりませんか。
- (A) 彼らと協力する
- (B) 彼らを非難する
- (C) 彼らを監禁する
- (D) 彼らを困惑させる

47. このポストに提供される利点の1つは何ですか。
- (A) 給与が業界の水準より低い。
- (B) 応募者は手当のために支払いを行わなければならない。
- (C) 給与は競合企業と同じ水準かそれより高い。
- (D) 応募者は給与を獲得するため、他の人々と競争しなければならない。

48. リアドンさんはどんな種類の候補者ですか。
- (A) 仕事をよく変える候補者
- (B) 製品設計の経験がほとんどない候補者
- (C) 独立して最良の仕事をする候補者
- (D) 他の社員と一緒にうまく仕事をする候補者

ボキャブラリー

- ☐ **leading** 形 一流の；トップクラスの
- ☐ **product development** 製品開発
- ☐ **candidate** 名 応募者；候補者
- ☐ **vendor** 名 供給メーカー；サプライヤー
- ☐ **budget** 名 予算
- ☐ **responsibilities** 名 職責
- ☐ **competitive** 形 競争力のある
- ☐ **benefit** 名 手当；利点
- ☐ **résumé** 名 履歴書
- ☐ **deadline** 名 締め切り；納期
- ☐ **seek** 動 探す；求める
- ☐ **extensive** 形 広範囲の
- ☐ **qualification** 名 資格
- ☐ **asset** 名 資産；価値のあるもの
- ☐ **concur with** ～と協力する；～に同意する
- ☐ **condemn** 動 非難する
- ☐ **confine** 動 監禁する
- ☐ **confound** 動 困惑させる

Tips ②

速読速解法のポイント

　Part 7を速く解くコツは、「情報検索型の読み方をする」「設問を先に読む」「文書の種類を知る」ことである。

◎**情報検索型の読み方**→TOEICの読解問題には感想を問うような設問はない。すべてが設問のターゲット情報を問題文中に見つければ解答可能だ。この操作をいかに素早く正確に行うかがポイントとなる。なお、ターゲット情報が1文ではなく、2〜3文にまたがることもあるので要注意。

◎**設問を先に読む**→設問を先に読めば、必要とする情報が絞り込めるので、情報検索をしやすい。書式やアンケート、表などは、先に設問を読んでおけば、すべてに満遍なく目を通す必要がなくなる。難解と思われる文章にも、時間が足りなくなったときにも有効。

◎**文書の種類を知る**→「手紙・メール」「記事・リポート」「告知・説明書」「広告」「フォーム」では、内容の配置や文体、使われる表現などがある程度異なる。本番の試験までにそれぞれの種類について、できるだけ「場数」を踏んでおきたい。また、内容的な分類においては「求人広告」「株式相場」「住宅広告」「銀行の取引明細」など、種類によって、使われるボキャブラリーに大きな特徴がある。この特徴をつかんでおくと、次に同様の文書に遭遇したときにぐんと読みやすくなる。

　また、選択肢を絞り込むテクニックとしては、「消去法」も覚えておきたい。紛らわしい選択肢が並ぶ場合には、問題文の該当個所と4つの選択肢をそれぞれ照合し、不適切なものから外していけばいい。ただ、この方法は時間がかかるのでいつも使えるテクニックではない。

模擬テスト3

3回目の模擬テストに挑戦しましょう。
問題数は本試験と同じ48問です。
すべてを解ききる練習のため48分で解答しましょう。
砂時計で「残り時間」を表示します。

制限時間 *48分*

問　　題　☞134ページ
正解と解説　☞158ページ

Questions 1-2 refer to the following report.

Women Still Make Less Money

The Women's Rights Association released statistical data last week that revealed that women still earn less than men. While there are an equal number of women at the workplace, women typically make a lower salary than men in the same line of work. The data show that most women only make three-quarters of the wages that men make. African-American women and Hispanic women reportedly make even less than that, and older women were at the bottom as they are making only half of what the men take in. The association is hoping that employers will turn around this kind of discriminatory pay practice and treat women fairly when it comes to wages.

1. How much less money do most women typically make?
   (A) Half of what the men make
   (B) One-quarter less than men
   (C) Three-quarters less than men
   (D) Two-quarters less than women in other countries

2. According to the association, what must employers do?
   (A) Hire more women for managerial positions
   (B) Ask the government to raise the minimum wage
   (C) Start paying women the same amount as men
   (D) Turn the clock back on the minimum wage

Questions 3-4 refer to the following advertisement.

**There are two things in life that people love to indulge in and are passionate about:
Coffee and Chocolate.**

That's why if you purchase a coffeemaker and grinder at Pantella, we will add a complimentary box of Ginerva chocolates as our way of saying "thanks" for your purchase.
But that's not all.
If you purchase two one-pound bags of our fresh-roasted Columbian coffee beans along with your coffeemaker, we'll throw in a Pantella coffee mug. This huge coffee mug is designed with the real coffee lover in mind as it holds 16 oz. of your favorite coffee beverage.
This offer is for a limited time only, so act today! To order, call 614-0238-8273 or visit our site at www.pantella-coffee.com.
Offer expires May 1.

---

3. What will Pantella do if customers purchase a coffeemaker and grinder?
   (A) Add chocolate to their bills
   (B) Give them chocolate
   (C) Compliment them on their taste in chocolate
   (D) Give them a mug

4. How can customers get a free mug?
   (A) By throwing their old ones away
   (B) By buying two pounds of coffee beans
   (C) By buying one pound of coffee beans
   (D) By buying a pound of chocolates

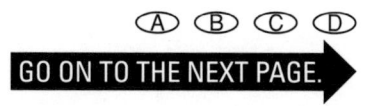

Questions 5-8 refer to the following classified ad.

Townhouse for Sale

New townhome in downtown Darwell for sale. This beautiful home has an elegant master bedroom and two extra bedrooms with walk-in closets. The home is located in a quiet, gated community and overlooks a creek with acres of wide, open spaces.

The home is equipped with: central air conditioning and heating, dishwasher, garbage disposal, fireplace, large patio. There is also a Jacuzzi in the backyard. The asking price is $315,000 and is negotiable. The loan terms are 30 year fixed at 6 percent. With a down payment of $63,000, monthly mortgage payments will be $1,510. An open house will be held on Saturday from 8-5. Call Dan Morgan for details at 628-0911-8117.

5. What kind of community is the home located in?
   (A) One that has a community pool
   (B) One that has a lot of skyscrapers
   (C) One that is high-security
   (D) One that has a gate and fence around each house

   Ⓐ Ⓑ Ⓒ Ⓓ

6. What is the home selling for?
   (A) $315,000 firm
   (B) $315,000 but can be less
   (C) $1,510
   (D) $63,000

   Ⓐ Ⓑ Ⓒ Ⓓ

7. What are the terms of the loan?
   (A) There will be 6 percent tax added.
   (B) The interest will fluctuate with the economy.
   (C) The interest will stay at 6 percent.
   (D) The mortgage must be paid for 35 years.

   Ⓐ Ⓑ Ⓒ Ⓓ

8. What can people do on Saturday?
   (A) Receive a gift
   (B) Sell their homes
   (C) Attend a party at the house
   (D) View the home's interior

   Ⓐ Ⓑ Ⓒ Ⓓ

Questions 9-11 refer to the following table.

The government conducted a random survey of middle-class workers in several states in the U.S. in order to better understand whether salaries have risen over the past few years or not. The following table shows the results of the survey according to state.

STATE	SALARY	PERCENTAGE OF RISE
New Jersey, New York, Vermont	$36,810	4.7
Maryland, West Virginia, Maine	$34,693	4.1
Alabama, Florida, Georgia	$33,807	3.5
Indiana, Kentucky, Ohio	$33,405	2.0
Minnesota, Montana, Mississippi	$30,882	1.5
Illinois, Nebraska, Missouri	$28,638	2.8
Oklahoma, Texas, Louisiana	$25,677	3.5
Arizona, California, Nevada	$34,882	4.8

The government concluded that salaries have gone up on the whole. They also found that benefits have improved and middle-class workers can look forward to better compensation packages.

9. Why did the government conduct the survey?
   (A) To confirm that salaries have risen
   (B) To compare their salaries with those of middle-class workers
   (C) To find out how rich middle-class workers are
   (D) To find out if middle-class workers wages have increased

   Ⓐ Ⓑ Ⓒ Ⓓ

10. Which states had the highest wage increase?
   (A) Illinois, Nebraska, Missouri
   (B) New Jersey, New York, Vermont
   (C) Arizona, California, Nevada
   (D) Maryland, West Virginia, Maine

   Ⓐ Ⓑ Ⓒ Ⓓ

11. What else has improved for middle-class workers?
   (A) Salaries
   (B) Diets
   (C) Health and dental insurance
   (D) Birthday packages

   Ⓐ Ⓑ Ⓒ Ⓓ

GO ON TO THE NEXT PAGE.

★★ **Questions 12-13** refer to the following questionnaire.

The following questionnaire is for medical professionals doing business on the Internet in order to get a better understanding of how the Internet can help your practice. Please put a number next to each item in order of importance.

1- Very important   2-Important   3-Not so important   4- Not important at all

NAME: Gerald Garner, MD
E-MAIL: garner@derm.com
Accuracy of information : 1
Trustworthiness : 1
Finding information/Navigation : 2
Availability of information : 3
Equal access for all : 1
Advertising : 4
Speed/Bandwidth : 3
Government regulation : 2
Security of electronic commerce :1
Access for disabled or physically impaired : 1
Intellectual property/Copyright : 1
Censorship : 3
Legality of services : 1

12. What is the purpose of this questionnaire?
    (A) To get an idea how the Internet can help patients
    (B) To get an idea how the Internet can help medical professionals do business
    (C) To find out if medical professionals are happy doing business on the Internet
    (D) To find out what kinds of businesses medical professionals buy from

    Ⓐ Ⓑ Ⓒ Ⓓ

13. What did Mr.Garner feel was very important when using the Internet?
    (A) How much the government controls it
    (B) How honest the information is
    (C) How fast he can access sites
    (D) How much information he can receive

    Ⓐ Ⓑ Ⓒ Ⓓ

GO ON TO THE NEXT PAGE.

★★ **Questions 14-16** refer to the following information.

Attention all employees: The co-chief executive officers of the company, Mr. Burt Cochlan and Ms. Janice Ramirez have decided to decline their bonuses this year. We have also ordered other senior management officials to take the same action in order to preserve the bonuses of the other employees. Although we were forced to make a shortage in our labor force last year due to tumbling stock share prices, we are making every effort to ensure that our remaining employees are satisfied with their positions. We are also hoping to continue contributing to your IRAs. We ask for your continued cooperation through these difficult business times, and would like to inform you that we are taking all necessary measures to keep our employees content.

14. What will happen to the employee bonuses?
    (A) Senior management's will be cut.
    (B) All but the senior management officials will receive them.
    (C) None of the employees will receive them.
    (D) They will all be cut in half.

    Ⓐ Ⓑ Ⓒ Ⓓ

15. What action did the company take after their stock price fell?
    (A) They declined their bonuses.
    (B) They shortened the work hours.
    (C) They held back all bonuses.
    (D) They fired some workers.

    Ⓐ Ⓑ Ⓒ Ⓓ

16. What other way will the company try to keep employees happy?
    (A) They will ask for their employees' cooperation.
    (B) They will give out longer vacations.
    (C) They will continue to put money into their retirement accounts.
    (D) They will make a shortage in the labor force.

    Ⓐ Ⓑ Ⓒ Ⓓ

Questions 17-18 refer to the following notice.

COPYRIGHT NOTICE

The content of this business manual is copyright of Goodard Industries and all rights are reserved.

No part of this manual may in any form, or by any electronic, mechanical, photocopying, recording or any other means, be reproduced, published, stored in a database or be broadcast or transmitted without the prior permission of Goodard Industries. Permission must be obtained in writing and signed by the CEO of Goodard Industries. All laws are in accordance with the Copyright Act of 1968.

17. What must one do to reproduce a part of this manual?
    (A) Photocopy it without permission
    (B) Get the CEO's consent
    (C) Give permission in writing
    (D) Sign a contract with the CEO

18. What are these copyright rules taken from?
    (A) A document from the CEO
    (B) A signed permission sheet from the CEO
    (C) The Copyright Act of 1968
    (D) The Goodard Industries business manual

GO ON TO THE NEXT PAGE.

★★ **Questions 19-21** refer to the following form.

Are you bothered by telephone solicitors? Let NoTel help you! We can list your telephone number with companies in order to remove it from their telemarketing lists. It's that easy.

Just fill out the registration form and follow the directions below and start reducing the number of telemarketing calls you receive.

NAME	
ADDRESS	
TEL. 1	
TEL. 2	

Signature:	Date:

After you complete the form, please send it to NoTel at 289 Universal Avenue, Norfolk, VA 7239 or fax it to (567) 8392-9384.

Once we have received the form we will send your number across our worldwide network for list removal. The telemarketers are required by law to remove your name from their lists when requested to do so. This may take several months, however.

We will send the bill in two monthly installments. We do not accept personal checks.

19. What kind of service does NoTel provide?
  (A) They send telemarketing lists worldwide.
  (B) They provide phone numbers to telemarketers.
  (C) They conduct telemarketing surveys.
  (D) They are able to get phone numbers taken off telemarketing lists.

  Ⓐ Ⓑ Ⓒ Ⓓ

20. What will happen once NoTel receives the form?
  (A) They will start the removal process.
  (B) They will sell it to the television networks.
  (C) They will start a networking business.
  (D) They will start legal proceedings.

  Ⓐ Ⓑ Ⓒ Ⓓ

21. How must payment to NoTel be made?
  (A) Immediately by credit card
  (B) Once a month for two months
  (C) By check payments over several months
  (D) By cash twice within a month

  Ⓐ Ⓑ Ⓒ Ⓓ

GO ON TO THE NEXT PAGE.

★★★ **Questions 22-24** refer to the following warranty.

We at E-Can have a limited one-year manufacturer's warranty on all our computer products. If the product develops a defect with normal use within one year after purchase, then we will repair or replace it for no extra charge. We will not cover shipping charges to our service center, but will cover the shipping costs to send the product back to you. International customers must pay shipping and handling to send the product back. You first must obtain authorization for your return through our Customer Service Department at 309-8372-9922. Please note that we cannot accept returns that have not been authorized by us.
This warranty shall not extend beyond the one-year period.
Retailers are unauthorized to modify the terms of this warranty.

22. What is E-Can's shipping policy regarding returns?
    (A) They will pay all shipping charges for returns.
    (B) They will pay to send a product back to domestic clients.
    (C) They will pay international customers for handling only.
    (D) They will ship the items anywhere for no charge.

    Ⓐ Ⓑ Ⓒ Ⓓ

23. What must a customer do before returning the item?
    (A) He must modify the terms of the warranty.
    (B) He must authorize the return himself.
    (C) He must get permission from E-Can.
    (D) He must wait for a month.

    Ⓐ Ⓑ Ⓒ Ⓓ

24. What are retailers unauthorized to do?
    (A) Mention the terms of the warranty
    (B) Modify the products
    (C) Alter the warranty
    (D) Follow the terms of the warranty

    Ⓐ Ⓑ Ⓒ Ⓓ

GO ON TO THE NEXT PAGE.

Questions 25-28 refer to the following article.

Every smart businessperson knows that a good outsourcing relationship between companies and outsourcing services is the key to a successful business. Each side should identify what their objectives are and work together to achieve their goals. If either side is unsure about the goals they wish to obtain, the relationship can fall apart, and both sides will suffer.

A good outsourcing relationship takes trust and proper communication. Communication is the most effective tool for repairing things that fall apart. An outsourcing relationship where both sides have a common goal is a successful relationship. Also, because a company's needs change constantly, the outsourcing relationship should be a very flexible one. This is very important when it comes to the pace of the work as well.

The CEO of Zeller Jewelers knows just how important his company's relationship with an outsourcing company is. "We must specify exactly how we want the relationship to go," he says. "If it is successful, outsourcing is the most budget-saving way to do business."

Having a solid business plan also helps. The business plan should outline the mutual understanding of the business relationship. When the business plan is finalized, the two sides must then follow it accordingly. It has a structure that guides both parties through an ideal business relationship.

25. According to the article, how can a business prosper?
    (A) By giving the keys to the outsourcing company
    (B) By sharing the profits with an outsourcing company
    (C) By maintaining a good understanding with an outsourcing company
    (D) By having a different objective than the outsourcing company

    Ⓐ Ⓑ Ⓒ Ⓓ

26. What is most important if a problem occurs in an outsourcing relationship?
    (A) Communication
    (B) Trust
    (C) A common goal
    (D) Proper tools

    Ⓐ Ⓑ Ⓒ Ⓓ

27. How can a company save money?
    (A) By merging with an outsourcing company
    (B) By selling shares to the outsourcing company
    (C) By following the outsourcing company's business plan
    (D) By having a good relationship with an outsourcing company

    Ⓐ Ⓑ Ⓒ Ⓓ

28. What is the purpose of the business plan?
    (A) To outline each company's intentions
    (B) To clearly separate the goals of each party
    (C) To sell it to clients
    (D) To divide assets accordingly

    Ⓐ Ⓑ Ⓒ Ⓓ

GO ON TO THE NEXT PAGE.

Questions 29 through 33 refer to the following manual and e-mail message.

Worker's Manual for the Janitorial Staff

I. Training New Janitors
1. Training must be conducted safely.
   a. Proper equipment must be provided.
   b. Workers must wear the proper shoes and uniforms.
   c. Rubber gloves must be worn at all times.

II. Handling Cleaning Equipment
1. Materials must be delivered to the place where they will be used.
2. Caution must be observed when handling hazardous materials.
3. Hazardous materials must be stored in locked containers.
4. Rotate shifts when stocking items on the shelves.
5. Store cleaning agents in smaller or lighter cartons or drums.

III. Cleaning Equipment Operation
1. Follow instructions on the correct way to operate equipment.
2. Rotate shifts on heavy equipment to avoid employee fatigue.
3. Make sure all equipment is regularly maintained.
4. Use all equipment in a proper manner.

To: Jonathan Markus, HR Director
From: Sylvia Rhodes
Subject: The manual for the janitorial staff

Hi, Jonathan

I have revised the current manual for the janitorial staff and am sending it along for approval. In light of the accident that occurred last month, I have added an extra clause to part III of the manual. That accident would have never occurred if the janitor on duty had not been fatigued. Therefore, I believe it is necessary for the janitorial staff to change shifts often. This ensures that they will be able to handle all of the equipment properly.

I have also added a similar clause to part II of the manual. I've done this so that the janitors can avoid accidents when stocking the shelves. I'm sure you'll agree that a fatigued employee performing this duty could have a disastrous effect.

Please look over the new additions to the manual and give me your thoughts on them. I would like to give it to the janitorial staff by early next week.

Thanks very much.

Regards,
Sylvia

29. What has Sylvia done?
 (A) She has had an accident
 (B) She has written an entire manual
 (C) She has changed the janitor's manual
 (D) She has given a new manual to the staff

30. Which clauses has Sylvia added to the manual?
 (A) Part III, number 2 only
 (B) Part II, number 4 and part III, number 2
 (C) Part II, number 2 and part III, number 4
 (D) Part II, number 3 and part III, number 2

31. What must janitors do at all times?
 (A) Stock the shelves
 (B) Wear gloves
 (C) Provide proper equipment
 (D) Deliver materials

32. What must be done before using the equipment?
 (A) The janitors must have proper manners.
 (B) The janitors must wash their hands.
 (C) The janitors must be fatigued.
 (D) The janitors must read the operation instructions.

33. What would Sylvia like Jonathan to do?
 (A) Make some changes to the current manual
 (B) Give the new manual to the employees
 (C) Meet with her about the matter next week
 (D) Tell her what he thinks of the manual

GO ON TO THE NEXT PAGE.

Questions 34-38 refer to the following business plan and memo.

HARDHAM, INC. EVALUATION

Quarters 1 through 3
Hardham Inc. had the following profits during the first three quarters:

	Quarter 1	Quarter 2	Quarter 3
Revenues	$750,000	$620,000	$550,000
Operating Expenses	$550,000	$500,000	$640,000
Gross Profit	$200,000	$120,000	($90,000)

Financing option
Amount needed:	$1-$2 million will be necessary to maintain R&D and to retain personnel over the next two quarters.

MEMO

To: All Employees
From: Harold Freeman
　　　Senior Manager
Subject: Business Update

Every quarter we at Hardham Inc. look back and evaluate how well business was in order to get a good look at future growth. We've experienced rough times the last quarter and are in need of some new strategies to make up for our reduced business volume.

One strategy we are planning to incorporate is a reduction in expenses. We will also have to evaluate sales and marketing plans, and keep advertising expenses to a minimum.

Unfortunately our cutbacks may include some staff positions. We will be conducting employee evaluations and determining which positions will be cut over the next two quarters.

Thank you for your cooperation, and I look forward to more prosperous times for the company.

34. What is the purpose of this memo?
 (A) To ask the employees to look for work elsewhere
 (B) To encourage the employees to stop spending
 (C) To alert employees about what is planned to improve business
 (D) To warn the employees that they will lose their jobs

Ⓐ Ⓑ Ⓒ Ⓓ

35. What is one of the ways the company will try to improve its business?
 (A) Cut down on advertising costs
 (B) Lay off all the employees
 (C) Inflate the budget
 (D) Cut back on employee evaluations

Ⓐ Ⓑ Ⓒ Ⓓ

36. What will happen over the next couple of quarters?
 (A) All positions will be cut.
 (B) Employees will be assessed.
 (C) All expenses will be cut in half.
 (D) Business volume will be reduced.

Ⓐ Ⓑ Ⓒ Ⓓ

37. What happened to Hardham in the third quarter?
 (A) It broke even.
 (B) It had fewer operating expenses.
 (C) It had only a slight profit.
 (D) It had a loss.

Ⓐ Ⓑ Ⓒ Ⓓ

38. How much money would Hardham need over the next two quarters?
 (A) $750,000
 (B) $1-$2 million
 (C) $640,000
 (D) $2-$3 million

Ⓐ Ⓑ Ⓒ Ⓓ

GO ON TO THE NEXT PAGE.

Questions 39-43 refer to the following statement and e-mail message.

CARRUTHERS BUILDERS

Bill statement
Customer number: 48392
Date: October 30

OVERDUE

Materials		$5,500
Labor	20.0 hrs.	$4,000
Subtotal		$9,500
Tax		$150
Total		$19,150

Please remit payment within thirty days of billing date
Credit cards and personal checks accepted
Make check out to Carruthers, Co.

Carruthers Builders
283 First Street
Boston, MA. 63738

Subject: Payment for services rendered

To: J.D. Gothard <gothard@rin.com>
From: Stan Carruthers <stan@carruthers.com>

Dear Mr. Gothard,

This is to inform you that our construction firm, Carruthers Builders, has not yet received payment for the work done on your redwood deck the second week of October. Please be advised that our company policy is to begin legal proceedings three months after the work has been done if payment is not made. It has been five months.

We expect that you will send payment to our accountant once you read this message. We have also mailed a hard copy of this message to your place of business. If we do not receive payment by the end of this week, we will start legal collection proceedings.

Best regards,

Stan Carruthers
CEO
Carruthers Builders

39. What is the purpose of this e-mail?
    (A) To inform a customer about a payment made
    (B) To inform a customer about ongoing legal proceedings
    (C) To inform a customer about an overdue bill
    (D) To inform a customer about a change in policy

40. When was payment originally due?
    (A) December 30
    (B) March 30
    (C) October 30
    (D) November 30

41. How long ago was the redwood deck built?
    (A) Several weeks ago
    (B) Five months ago
    (C) One week ago
    (D) Three months ago

42. What is Carruthers Builders hoping Mr. Gothard will do once he receives this message?
    (A) Mail a hard copy to their business
    (B) Inform them about the redwood deck
    (C) Start legal proceedings
    (D) Render payment before the end of the week

43. What will be sent to Mr. Gothard by regular mail?
    (A) Another bill with interest added
    (B) A document with difficult legal terms
    (C) A paper copy of the e-mail message
    (D) A hard disk

GO ON TO THE NEXT PAGE.

Questions 44-48 refer to the following help wanted ad and e-mail message.

Summer Intern Wanted

Communications Position Open at Marden Associates

Marden is a consultant for online marketers around the world. We were founded in 1980, and we are well known for our superior customer service traditions and business practices. We are currently seeking a summer intern that can support our communications department.

Responsibilities include:
- Assist with writing and editing ad copy, e-mail messages, memos and various other documents
- Plan meetings
- Monitor industry trends
- Conduct market research
- Write reports

Requirements:
- Previous experience in communications setting preferred
- Excellent written and verbal communications skills required
- Computer literacy

This is a great career opportunity for college students who are planning to get into the communications field. We are seeking outstanding professionals who can keep strict deadlines.

For immediate consideration, please send your résumé as an e-mail attachment and include a cover letter.

To: info@marden.net
From: julies@nsl.com
Subject: Summer Intern Position

Dear Sir or Madam,

I'm writing in response to your ad for a summer intern. I'm currently working on a journalism degree in college. Every summer until now, I worked in the school office handling the school's communications. My duties were similar to what you described in your ad, so I think I'm very qualified for the job you're advertising. I'm also computer-literate and am familiar with many software applications.

I'm a very hard worker and am hoping to someday have career in communications or journalism. Please look over my résumé and let me know if you think I'd be suitable for your company. I look forward to your reply.

Sincerely yours,
Julie Samson

44. What does Julie do now?
    (A) She works in the school office.
    (B) She looks over résumés.
    (C) She works for Marden.
    (D) She attends university.

45. What is one of the responsibilities of the position?
    (A) To report the news by e-mail and memos
    (B) To hold meetings
    (C) To invest in the market
    (D) To check what's popular in various industries

46. What is a requirement for the position?
    (A) The candidate must be over 25.
    (B) The candidate must have excellent speaking and writing skills.
    (C) The candidate must have a computer science book.
    (D) The candidate must have managerial experience.

47. Why does Julie feel she's qualified for the position?
    (A) She likes studying communications.
    (B) She has a degree in journalism.
    (C) She has computer skills and experience.
    (D) She hopes to work there someday.

48. What did Julie include with her e-mail?
    (A) A recommendation
    (B) A deadline
    (C) A résumé
    (D) An enclosure

お疲れさまでした

模擬テスト3＞正解と解説

Questions 1-2

1. 正解：(B)
▶第3文にThe data show that most women only make three-quarters of the wages that men make.と説明されている。女性の給与は男性の4分の3ということなので、(B)の「男性より4分の1少ない」が正しい。

2. 正解：(C)
▶最終文に、The association is hoping that employers will turn around this kind of discriminatory pay practice and treat women fairly when it comes to wages. とある。turn aroundは「改善する」の意で、this kind of discriminatory pay practice（これらの差別的な報酬慣行）とは、前文までの内容——女性の給与が男性の4分の3で、アフリカ系アメリカ人とヒスパニックの女性の場合さらに低く、高齢女性は半分——を指す。「男性と同じ賃金を女性に支払うことを開始する」とする(C)が最適。(A)も論理上は正しいと考えられるが、問題文中に記述がない。賃金を引き上げる主体はemployers（雇用主［の企業］）なので、(B)は誤り。(D)のturn the clock backは「過去に戻る」という意味だが、最低賃金について過去（の慣行）に戻るべき、との指摘は問題文中にない。

● 訳　設問1～2は次のリポートに関するものです。

女性はまだ収入が少ない

「女性の権利協会」は先週、女性がいまだに男性より収入が少ないことを明らかにする統計データを発表した。職場の女性の数は（男性と）同等になったとはいえ、女性は一般的に、同じ業務ラインの男性よりも低い給与しか支給されていない。このデータは、大半の女性が男性の獲得する4分の3の賃金しか得ていないことを示している。報告によれば、アフリカ系アメリカ人とヒスパニックの女性はそれよりさらに収入が少なく、高齢の女性は最低レベルで、男性の半分しか収入がない。同協会は、雇用主がこの種の差別的な報酬慣行を改善して、賃金に関して女性を公平に扱うことを望んでいる。

設問・選択肢訳

1. 多くの女性は一般的にどれくらい収入が少ないですか。
   - (A) 男性の収入の半分
   - (B) 男性より4分の1少ない
   - (C) 男性より4分の3少ない
   - (D) 他国の女性より4分の2少ない

2. この協会によると、雇用主は何をしなければなりませんか。
   - (A) 管理職にもっと女性を登用する
   - (B) 最低賃金を引き上げるよう政府に求める
   - (C) 男性と同じ賃金を女性に支払うことを開始する
   - (D) 最低賃金に関して過去に戻る

● ボキャブラリー

- ☐ release 動 発表する；公開する
- ☐ **statistical** 形 統計の
- ☐ **reveal** 動 明らかにする；暴露する
- ☐ typically 副 一般的に；典型的に
- ☐ Hispanic 形 ラテンアメリカ系の
- ☐ at the bottom 最下部に ☐ **take in** （収入などを）得る
- ☐ **discriminatory** 形 差別的な ☐ wage 名 賃金
- ☐ hire 名 採用する；雇用する ☐ **minimum wage** 最低賃金
- ☐ turn the clock back 時計の針を逆に戻す；過去に戻る

COLUMN 12 ▶ 政治・行政

- ☐ representative 名 (米) 下院議員 ◆senator 名 (米) 上院議員
- ☐ lawmaker 名 国会議員
- ☐ cabinet 名 内閣
- ☐ administration 名 行政（府）；政権
- ☐ deregulation 名 規制緩和 ☐ privatization 名 民営化
- ☐ bureaucrat 名 官僚 ◆bureaucracy 名 官僚制度
- ☐ red tape お役所仕事；煩わしい手続き
- ☐ coalition 名 連立
- ☐ opposition 名 形 野党（の） ◆ruling 形 与党の
- ☐ constituency / electorate 名 有権者

Questions 3-4

3. 正解：(B)

▶ 太字の広告コピーの部分から、coffeeとchocolateがクローズアップされていることが分かるが、このコピーからはそれ以上のことは推測できない。そこで本文第1文を見ると、コーヒーメーカーとコーヒーミルを買うと、a complimentary box of Ginerva chocolatesが、as our way of saying "thanks" for your purchase（感謝の印として）付いてくることが分かる。complimentaryは「無料の；贈呈の」という意味。したがって、「有料」とする(A)は誤りで、(B)が正しい。なお、(C)のcomplimentは文脈から「褒める；敬意を表する」という意味にしかなりえない。

4. 正解：(B)

▶ mugについては、本文の半ばに、If you purchase two one-pound bags of our fresh-roasted Columbian coffee beans along with your coffeemaker, we'll throw in a Pantella coffee mug.と書かれている。throw inは「(おまけとして) 付ける；サービスする」の意。それには、コーヒーメーカーとともに、two one-pound bags of our fresh-roasted Columbian coffee beansを購入することが条件となる。(B)が正解である。なお、(A)のthrow ... awayは「…を捨て去る；処分する」の意。

● 訳　設問3～4は次の広告に関するものです。

人々が心から楽しみ、情熱を傾けるものは人生に2つある。
そう、コーヒーとチョコレートです。

　パンテラのコーヒーメーカーとコーヒーミルをお買いあげいただければ、ギナーバ・チョコレートを1箱、感謝の印として無料でお付けいたします。
　それだけではありません。
　コーヒーメーカーとともに、煎りたてのコロンビアコーヒー豆の1ポンド袋を2袋お買いあげいただけましたら、パンテラ・コーヒーカップを進呈いたします。この大きなコーヒーカップは、真のコーヒー愛好家をイメージしてデザインされたもので、お好みのコーヒーを16オンスまで入れることができます。
　このご奉仕は期間限定のものですので、今日にもお申し付けください。ご注文は、614-0238-8273にお電話いただくか、当社ホームページのwww.pantella-coffee.comにアクセスをお願いいたします。
　ご奉仕期間は5月1日までです。

設問・選択肢訳

3. もし顧客がコーヒーメーカーとコーヒーミルを購入すると、パンテラは何をしますか。
  (A) 彼らの請求書にチョコレートを加える
  (B) 彼らにチョコレートを贈呈する
  (C) 彼らのチョコレートに対する味覚を褒める
  (D) 彼らにカップを贈呈する

4. 顧客はどうすれば無料のカップをもらえますか。
  (A) 古いものを処分することによって
  (B) コーヒー豆を2ポンド買うことによって
  (C) コーヒー豆を1ポンド買うことによって
  (D) チョコレートを1ポンド買うことによって

●ボキャブラリー

- □ **indulge in** 〜にふける；〜に従事する
- □ **be passionate about** 〜に熱中する
- □ **grinder** 名コーヒーミル；(粉に) 挽く道具
- □ **complimentary** 形無料の；贈呈の
- □ **roast** 動ローストする；煎る
- □ **with ... in mind** …を考えて；…を念頭に
- □ **beverage** 名飲料
- □ **compliment** 動褒める；賛辞を言う
- □ **throw ... away** …を捨て去る；…を処分する

Questions 5-8

5. 正解：(C)
▶ communityという言葉は第3文に使われていて、a quiet, gated communityとある。gatedは「門のある；ゲートがある」という意味で、つまり住宅地の周りが塀などで囲まれていることを示す。「閑静で安全が確保された住宅地」ということ。(C)か(D)に絞れるが、gatedはcommunityを修飾しているので、個々の家が塀に囲まれているかどうかは推測できない。(C)のほうが適切である。

6. 正解：(B)
▶ 販売価格については、The asking price is $315,000 and is negotiable.とある。asking priceは「希望価格」、negotiableは「交渉余地のある」という意味。したがって、「値下げが可能」とする(B)が正解。

7. 正解：(C)
▶ ローンの条件は後半に、The loan terms are 30 year fixed at 6 percent. With a down payment of $63,000, monthly mortgage payments will be $1,510.と書かれている。「30年払い」、「6パーセントの固定金利」、「頭金が6万3千ドルであれば、月々の不動産ローン支払額が1510ドル」ということ。これに合致するのは(C)のみ。

8. 正解：(D)
▶ 最後から2番目の文に、An open house will be held on Saturday from 8-5.とある。open houseとは、ここでは「家を開放して見込み客に見てもらえるようにすること」。open houseは「自宅を開放したパーティー」の意でも使われるが、この問題文では文脈に合わない。(D)の「その家の中を見る」が最適。

● 訳

設問5～8は次の分類広告に関するものです。

タウンハウス販売中

ダーウェルのダウンタウンにある新築タウンハウスが販売中です。この美しい家には、優美な主寝室に加えて、ウォークイン・クローゼットを備えた予備寝室が2部屋用意されています。家屋は閑静なゲート内の住宅地にあり、小川とともに数エーカーの広いオープンスペースを見渡すことができます。

家屋には、集中空調・暖房、食器洗浄機、生ゴミ処理機、暖炉、広いパティオがあります。裏庭にはジャクージも装備。販売希望価格は31万5千ドルですが、交渉可能です。ローン条件は6パーセントの固定金利で30年払いです。頭金が6万3千ドルの場合、月次の不動産ローン支払額は1510ドルとなります。一般公開は土曜日の8時から5時までです。詳細については、628-0911-8117のダン・モーガンまでお電話ください。

設問・選択肢訳

5. この家屋が立地するのはどんな種類の住宅地ですか。
(A) コミュニティ・プールのある住宅地
(B) 高層建築がたくさん立ち並ぶ住宅地
(C) 高度な保安が確保された住宅地
(D) 各戸の周りにゲートとフェンスのある住宅地

6. この家屋はいくらで販売されていますか。
(A) 31万5千ドルの確定価格
(B) 31万5千ドルだが、値下げ可能
(C) 1510ドル
(D) 6万3千ドル

7. ローンの条件はどんなものですか。
(A) 6パーセントの税金が付加される。
(B) 金利は経済状況に応じて変動する。
(C) 金利は6パーセントの固定になる。
(D) 不動産ローンは35年間で完済されなければならない。

8. 人々は土曜日に何をすることができますか。
(A) 贈り物を受け取る
(B) 彼らの家を売る
(C) その家のパーティーに出席する
(D) その家の中を見る

ボキャブラリー

- **be located in** 〜に位置する；〜に立地する
- **gated** 形 ゲートのある；門の付いた
- **overlook** 動 見渡す
- **creek** 名 小川
- **garbage** 名 ゴミ
- **disposal** 名 処理；処分
- **fireplace** 名 暖炉
- **negotiable** 形 交渉の余地がある
- **terms** 名 条件
- **down payment** 頭金
- **mortgage** 名 住宅ローン
- **skyscraper** 名 高層ビル
- **firm** 形 確定的な
- **fluctuate** 動 変動する

COLUMN 13 ▶ 住宅

- earnest money 手付金
- rent 名 家賃 動 賃貸する
- property 名 不動産；土地 ◆real estate 不動産
- premises 名（複数で）敷地；家屋；建物
- refurbish 動 改装する；リフォームする ◆refurbishment 名 改装
- collateral 名 担保
- foreclosure 名 差し押さえ
- exquisite 形 優美な；洗練された；気品のある
- sewage 名 下水；汚水
- utilities 名 公共料金

Questions 9-11

9. 正解：(D)
▶第1文のin order to以下に注目。better understand whether salaries have risen over the past few years or not（過去数年間に給与所得が上昇したかどうかを検証する）ことが調査の目的である。文の前半から調査対象となっているのは、middle-class workers（中産階層の労働者）。(A)や(C)も間違いとは言えないが、最も正確に記述しているのは(D)なので、これを選ぶ。

10. 正解：(C)
▶the highest wage increaseなので、「上昇率」をパーセントで示したPERCENTAGE OF RISEの項目を見る。「Arizona, California, Nevada」が4.8パーセントで最も高い。

11. 正解：(C)
▶給与以外の情報については、最後の文で触れられている。They also found that benefits have improved and middle-class workers can look forward to better compensation packages.とあることから、benefits（諸手当）も向上したことが理解できる。(C)のhealth and dental insurance（健康・歯科保険）はbenefitsに通常含まれる項目。

● 訳

設問9～11は次の表に関するものです。

　政府は、過去数年間に給与所得が上昇したかどうかを検証するために、米国のいくつかの州で中産階層の労働者を対象に無作為の調査を行った。次の表は、調査結果を州ごとにまとめたものである。

州	給与所得	上昇率(%)
ニュージャージー、ニューヨーク、バーモント	3万6810ドル	4.7
メリーランド、ウエストバージニア、メイン	3万4693ドル	4.1
アラバマ、フロリダ、ジョージア	3万3807ドル	3.5
インディアナ、ケンタッキー、オハイオ	3万3405ドル	2.0
ミネソタ、モンタナ、ミシシッピ	3万882ドル	1.5
イリノイ、ネブラスカ、ミズーリ	2万8638ドル	2.8
オクラホマ、テキサス、ルイジアナ	2万5677ドル	3.5
アリゾナ、カリフォルニア、ネバダ	3万4882ドル	4.8

　政府は、給与所得が総じて上昇していると結論づけている。諸給付も向上し、中産階層の労働者はより良い報酬パッケージを期待できることも明らかになった。

設問・選択肢訳

9. なぜ政府はこの調査を行ったのですか。
   (A) 給与所得が上昇していることを確かめるため
   (B) 彼らの給与所得を中産階層の労働者のものと比較するため
   (C) 中産階層の労働者がいかに裕福であるかを調べるため
   (D) 中産階層の労働者の賃金が上昇しているかどうかを調べるため

10. 賃金が最も上昇したのはどの州ですか。
    (A) イリノイ、ネブラスカ、ミズーリ
    (B) ニュージャージー、ニューヨーク、バーモント
    (C) アリゾナ、カリフォルニア、ネバダ
    (D) メリーランド、ウエストバージニア、メイン

11. 中産階層の労働者にとって他の何が向上しましたか。
    (A) 給与
    (B) 食生活
    (C) 健康・歯科保険
    (D) 誕生日パッケージ

ボキャブラリー
- conduct 動 実施する
- random 形 無作為の
- **middle-class** 形 中産階層の
- conclude 動 結論づける
- **on the whole** 全体として；概して
- **compensation packages** 報酬パッケージ
- **confirm** 動 確認する

Questions 12-13

12. 正解：(B)
▶第1文のin order to以下に注目。get a better understanding of how the Internet can help your practice（インターネットがどの程度あなたの業務を助けているかを調査する）ということが目的である。yourはこの文の前半より、medical professionalsを指すことが分かる。したがって、(B)が最適。

13. 正解：(B)
▶各選択肢が対応するアンケート項目は以下の通り。(A)→Government regulation：2、(B)→Trustworthiness：1、(C)→Speed/Bandwidth：3、(D)→Availability of information：3。選択肢はそれぞれパラフレーズされているので、照合は慎重に。「非常に重要」を示す1の数字が付いているのは(B)に対応するTrustworthiness（信頼性；真実性）である。

● 訳

設問12～13は次のアンケートに関するものです。

　このアンケートはインターネット上で業務を行う医療専門家を対象としたもので、インターネットがどの程度あなたの業務を助けているかを調査することが目的です。各項目脇に、重要度に応じて番号を記入してください。

1　非常に重要
2　重要
3　さほど重要ではない
4　まったく重要ではない

氏名：ジェラルド・ガーナー、医学博士	
電子メール：garner@derm.com	
情報の正確さ：1	
信頼性：1	
情報検索／ナビゲーション：2	
情報の豊富さ：3	
全員への公平なアクセス：1	
宣伝：4	
スピード／送信容量：3	
政府の規制：2	
電子商取引の安全性：1	
障害を持つ人・身体障害者へのアクセス：1	
知的所有権／著作権：1	
検閲：3	
サービスの適法性：1	

設問・選択肢訳

12. このアンケートの目的は何ですか。
    (A) インターネットがいかに患者を助けるかについて意見を得ること
    (B) インターネットが医療専門家の業務をいかに助けるかについて意見を得ること
    (C) 医療専門家が快適にインターネット上で業務を行っているかどうかを調査すること
    (D) 医療専門家がどんな種類の業者から買い物をするかを調査すること

13. ガーナーさんはインターネットを使用するとき、何が非常に重要と感じましたか。
    (A) 政府がそれをどれほど規制しているか
    (B) 情報がいかに真実であるか
    (C) 彼がサイトにどれほど早くアクセスできるか
    (D) 彼がどれくらい多くの情報を得られるか

●ボキャブラリー

- [ ] **accuracy** 名正確性
- [ ] **trustworthiness** 名信頼性
- [ ] **bandwidth** 名送信容量
- [ ] **disabled** 形障害のある
- [ ] **physically impaired** 身体障害の
- [ ] **intellectual property** 知的所有権
- [ ] **censorship** 名検閲
- [ ] **legality** 名適法性

COLUMN 14 ▶ インターネット・通信

- [ ] tap into 〜にアクセスする
- [ ] attach 動添付する ◆attachment 名添付書類
- [ ] site 名(インターネットの)ホームページ；サイト
- [ ] hook up (通信回線を)結ぶ
- [ ] data transmission データ伝送
- [ ] subscriber 名加入者
- [ ] ISP (internet service provider) プロバイダー
- [ ] flat rate 一律料金
- [ ] backbone 名(インターネットの)幹線
- [ ] fiber optics 光ファイバー網
- [ ] roaming 名ローミング(携帯電話など移動体通信の利用者が、契約をしていない他の通信会社のエリアで送受信すること)
- [ ] encryption 名暗号化
- [ ] spam 名迷惑メール

Questions 14-16

14. 正解：(B)
▶本文の第1文で共同CEOが、今年の賞与を辞退することを決意した（have decided to decline their bonuses this year）ことが述べられ、第2文では他の上級管理職（other senior management officials）にも、同様の行動（＝賞与の辞退）が求められる、と書かれている。しかし、社員（employees）については、in order to preserve the bonuses of the other employeesと「賞与の支給を約束」している。(B)が正解。

15. 正解：(D)
▶Although we were forced to make a shortage in our labor force last year due to tumbling stock share prices, ... の部分に注目。make a shortage in our labor forceは「労働力を削減する」という意味で、この会社は株価下落が原因で昨年レイオフを実施したことが読みとれる。(D)が正解である。

16. 正解：(C)
▶後半にあるWe are also hoping to continue contributing to your IRAs.の部分に注目。IRAsとは、Individual Retirement Accounts（個人退職年金口座）で、そこに入金を続けるという会社の意向が理解できる。(C)が正解。仮にこの言葉が理解できなくても、(A)や(D)では社員を幸福にすることになりえず、(B)については問題文に言及がないことから、消去法で(C)が選べるはず。

● 訳　設問14〜16は次の情報に関するものです。

全社員に：当社の共同最高経営責任者であるバート・コクラン氏とジャニス・ラミレス氏は今年、自らの賞与を辞退することを決定しました。われわれは他の社員の賞与を確保するため、その他上級管理職にも同様の行動をとることを指示しています。昨年は株価低迷により人員削減を余儀なくされましたが、われわれは当社で引き続き働いている社員がそのポストに満足できるようにあらゆる努力を重ねています。われわれはまた、社員の個人退職年金の掛け金も払い続ける方針です。われわれはこの厳しい事業環境の中で、社員の皆さんに継続的な協力をお願いするとともに、皆さんの満足を確保するために必要なすべての施策を行っていることをお知らせしたいと思います。

設問・選択肢訳

14. 社員の賞与に何が起こりますか。
  (A) 上級管理職の賞与が減額される。
  (B) 上級管理職以外の社員全員が賞与を受け取ることができる。
  (C) 社員はだれも賞与を受け取ることができない。
  (D) 賞与は半額に減らされる。

15. この会社は、自社の株価が下落した後、どんな行動を取りましたか。
  (A) 彼らは賞与を辞退した。
  (B) 彼らは勤務時間を短縮した。
  (C) 彼らはすべての賞与を差し控えた。
  (D) 彼らは何人かの社員を解雇した。

16. この会社は他のどんな方法で社員を幸福にしようとしていますか。
  (A) 彼らは社員の協力を求める。
  (B) 彼らはより長い休暇を支給する。
  (C) 彼らは社員の退職金口座に入金し続ける。
  (D) 彼らは労働力を削減する。

ボキャブラリー

- **decline** 動辞退する；断る
- **preserve** 動確保する
- make a shortage 削減する
- **due to** 〜のために
- **tumble** 動急落する；暴落する
- **ensure** 動確実にする；保証する
- IRAs (= Individual Retirement Accounts) 個人退職年金
- content 形満足した

COLUMN 15 ▶ 賃金制度

- be entitled to 〜する権利がある
- paycheck 名給与
- pension 名年金
- maternity pay 育児休暇中の給与
- incentive 名報奨（金）
- hourly payroll / wage 時間給
- retirement allowance / severance pay 退職金
- deduction 名控除 ◆deductible 形控除できる
- income tax 所得税
- raise 名昇給
- remit 動振り込む；送金する ◆remittance 名振り込み；送金

Questions 17-18

17. 正解：(B)
▶第2パラグラフ第1文から、複製・出版・保存等にはいずれもprior permission（事前の許可）が必要であることが読みとれる。許可の方法は次の文に、Permission must be obtained in writing and signed by the CEO of Goodard Industries.と書かれている。「書面で、グッダード・インダストリーズの最高経営責任者の署名」を得なければならない。(B)がこの記述に合致するので、これが正解。(C)はgiveではなく、obtainやgetなら正解となる。(D)のようにcontract（契約書）を交わすとは問題文に書かれていない。

18. 正解：(C)
▶問題文のlawsが、設問ではrulesに書き換えられている点に注意。最終文のAll laws are in accordance with the Copyright Act of 1968.から、著作権の規則は「1968年著作権法に準拠する（in accordance with）」ことが理解できる。(C)が正解。

● 訳　設問17~18は次の表示に関するものです。

著作権表示

　この業務マニュアルの内容は、グッダード・インダストリーズの著作権物であり、すべての権利が保護される。
　このマニュアルのいかなる部分も、事前にグッダード・インダストリーズの許可を受けることなく、いかなる形式においても、または電子的、機械的、コピー、録音や他のいかなる方法によっても、複製、出版、データベースへの保存、または放送ないしは送信することはできない。許可については書面にて取得され、グッダード・インダストリーズの最高経営責任者の署名を得なければならない。すべての法規は1968年著作権法に準じるものである。

設問・選択肢訳

17. このマニュアルの一部を複製するためには何をしなければなりませんか。
 (A) 許可なしでコピーをとる
 (B) 最高経営責任者の同意を得る
 (C) 書面で許可を与える
 (D) 最高経営責任者との契約に署名する

18. これらの著作権の規則はどこから取られましたか。
 (A) 最高経営責任者からの書類
 (B) 最高経営責任者からの署名の入った許可シート
 (C) 1968年著作権法
 (D) グッダード・インダストリーズの業務マニュアル

● ボキャブラリー
- ☐ content 名内容
- ☐ means 名手段；方法；媒体
- ☐ **reproduce** 動複製する
- ☐ broadcast 動放送する
- ☐ **transmit** 動送信する；送付する
- ☐ **prior** 形事前の
- ☐ **in accordance with** 〜に従って；〜に基づいて
- ☐ **copyright act** 著作権法
- ☐ consent 名同意

Questions 19-21

19. 正解：(D)
▶ 冒頭の説明文に、We can list your telephone number with companies in order to remove it from their telemarketing lists.（当社はあなたの電話番号を電話販売リストから削除するため、企業に登録する）と明示されている。(D)が正解。問題文では remove ... from となっているが、この選択肢ではtake offにパラフレーズされ、かつ「get ... 過去分詞」の構文に書き換えられている点に注意したい。

落とし穴　広告文の目的を読みとるには、冒頭から2〜4文程度読んでみる必要があることが多い。冒頭はキャッチコピーや、修辞的な文で始まっているのが一般的だからだ。

20. 正解：(A)
▶ 設問は、後半の説明文にある、Once we have received the form we will send your number across our worldwide network for list removal.に対応する。この会社は「あなたの電話番号を世界中のネットワークに送付する」が、その目的はfor以下に示されているように「リストから外すため」である。次の文も読めばより明確に理解できる。(A)が正解。

21. 正解：(B)
▶ 料金の支払い方法については最後の2文で言及されている。We will send the bill in two monthly installments. We do not accept personal checks.から「2カ月の分割払い」、「個人小切手は使用不能」ということが読みとれる。これに合致するのは(B)である。なお、ここのinstallmentsは「分割払い」という意味。

● 訳　設問19〜21は次の書式に関するものです。

　電話販売員に迷惑を被っていませんか。ノーテルがお助けします！　当社はあなたの電話番号を企業に登録して、その番号を企業の電話販売リストから削除します。手続きは次のように簡単です。
　登録書式にご記入いただき、以下の指示に従っていただければ、あなたが受ける電話販売の数が減少し始めます。

氏名	
住所	
電話番号1	
電話番号2	

署名：	日付：

　書式への記入を完了されたら、ノーテル（ユニバーサル・アベニュー289番地、ノーフォーク、バージニア州7239）にお送りいただくか、(567) 8392-9384までフ

設問・選択肢訳

19. ノーテルはどのような種類のサービスを提供しますか。
 (A) 彼らは電話販売リストを世界中に送付する。
 (B) 彼らは電話番号を電話販売業者に提供する。
 (C) 彼らは電話による市場調査を実施する。
 (D) 彼らは電話番号を電話販売リストから削除することができる。

20. ノーテルがその書式を受け取れば、何が起こりますか。
 (A) 彼らは削除処理を開始する。
 (B) 彼らはそれをテレビ・ネットワークに販売する。
 (C) 彼らはネットワーキング業務を開始する。
 (D) 彼らは法手続きを開始する。

21. ノーテルへの料金はどのように支払わなければなりませんか。
 (A) クレジットカードで即座に
 (B) 月1回、2カ月にわたって
 (C) 小切手で、数カ月にわたって
 (D) 現金で、1カ月以内に2回

▼
ァクスをお願いいたします。
　書式を受け取った段階で、あなたの電話番号をリストから削除するため、当社の持つ世界中のネットワークに送付いたします。電話販売業者は法律により、要請があった場合には、あなたの氏名をそのリストから削除しなければなりません。しかし、これには数カ月を要することがあります。
　当社からは2カ月分割払いの請求書を送付させていただきます。個人小切手は受け付けておりません。

●ボキャブラリー

- ☐ be bothered by　〜に悩まされる
- ☐ **solicitor**　名勧誘員；セールスパーソン
- ☐ remove ... from 〜　…を〜から取り除く
- ☐ **telemarketing**　名 形電話販売（の）
- ☐ **registration**　名登録
- ☐ **bill**　名請求書
- ☐ **installments**　名分割払い
- ☐ survey　名調査
- ☐ **legal proceedings**　法手続き

Questions 22-24

22. 正解：(B)
▶ shipping（配送）については、第3文にWe will not cover shipping charges to our service center, but will cover the shipping costs to send the product back to you. と書かれている。「当社サービスセンターまでの配送費は負担しないが、顧客への返送費は負担する」ということ。また、第4文ではinternational customers（海外の顧客）については配送費も手数料も負担しないと明示されている。これらに合致するのは、(B)のみ。

23. 正解：(C)
▶ 問題文の半ばにある、You first must obtain authorization for your return through our Customer Service Department at 309-8372-9922. を参照。「(Eキャンの) 顧客サービス部で返品の承認を受けなければならない」ということなので、(C)が正しい。

24. 正解：(C)
▶ retailers（小売業者）については、最終文に言及がある。Retailers are unauthorized to modify the terms of this warranty. は「小売業者は本保証の条件を変更することは許されていない」という意味。(A)のmentionは「表明する」で、「保証の条件を表明する」となり、不適。(D)も「保証の条件に従う」で、問題文の記述と意味が異なってしまう。(C)にはthe termsという表現が省略されているが、「保証を変更する」と、意味的に最も近いので、これが最適である。

● 訳 設問22～24は次の保証書に関するものです。

当社Eキャンは、すべてのコンピュータ製品について1年間限定の製造業者保証を行います。ご購入後1年以内に通常の使用によって製品に欠陥が生じた場合には、当社は追加料金なしで修理・交換に応じます。当社サービスセンターまでの配送費は負担いたしかねますが、お客様への製品の返送にかかる配送費は当社にて負担させていただきます。海外のお客様には、返品のための配送費・手数料をご負担いただくことになります。まず309-8372-9922の当社の顧客サービス部にて、返品の承認をお取りください。当社によって承認されていない返品は受け付けかねますのでご了解をお願いいたします。
本保証は1年間を超えないものとします。
小売業者が本保証の条件を変更することは許可されていません。

設問・選択肢訳

22. 返品に関するEキャンの配送方針はどのようなものですか。
  (A) 彼らは返品の配送料をすべて負担する。
  (B) 彼らは国内顧客への製品返送の費用を負担する。
  (C) 彼らは海外顧客に対して手数料のみを負担する。
  (D) 彼らはどこにでも無料で製品を配送する。

23. 顧客は返品する前に何をしなければなりませんか。
  (A) 彼は保証の条件を変更しなければならない。
  (B) 彼は返品を自分で承認しなければならない。
  (C) 彼はEキャンから許可を得なければならない。
  (D) 彼は1カ月間待たなければならない。

24. 小売業者は何をすることを許可されていませんか。
  (A) 保証の条件を表明すること
  (B) 製品を改造すること
  (C) 保証を変更すること
  (D) 保証の条件に従うこと

ボキャブラリー

- ☐ **defect** 名欠陥
- ☐ **authorization** 名承認；許可
- ☐ **terms** 名条件
- ☐ **replace** 動交換する
- ☐ **extend** 動延長する

COLUMN 16 ▶ 契約

- ☐ abide by 〜に従う；〜を順守する
- ☐ comply with 〜を順守する；〜を満たす ◆compliance 名順守；コンプライアンス
- ☐ conform to 〜に適合する；〜に従う
- ☐ secure 動保証する
- ☐ restrict 動制限する；拘束する
- ☐ explicitly 副明示的に；はっきりと
- ☐ execution 名行使 ◆execute 動行使する
- ☐ grant 動許可する；承諾する；供与する
- ☐ breach 動違反する；侵害する 名違反；侵害；不履行
- ☐ draft 名草稿；草案；ドラフト
- ☐ statutory 形法定の；制定法に従う ◆statutory audit（法定監査）
- ☐ obligation 名義務
- ☐ exclusive 名独占的な
- ☐ territory 名（ライセンス、販売権などの）適用地域

Questions 25-28

25. 正解：(C)
▶ 設問にあるprosper（繁栄する）の類義語は、第1パラグラフ第1文にあるsuccessful。この文は、「ビジネスの成功のカギは企業と外部委託企業との良好な業務委託関係である」という意味。また、第2文では、「企業と外部委託企業とが、それぞれの目的を認識して、共同で活動すべき」としている。この文脈を適切に表現したのは、(C)の「外部委託企業とよく理解し合うことによって」である。(A)は、the keysを「成功のカギ」と理解するとしても、それを外部委託企業に提供するとは問題文には書かれていない。

26. 正解：(A)
▶ 設問ではa problem occursだが、問題文中ではfall apartという表現が使われている点に注意。この言い換えが理解できていれば、第2パラグラフ第2文のCommunication is the most effective tool for repairing things that fall apart.より、「問題が発生したとき」＝「損なわれた物事を修復するため」には、communicationが最も重要だということが分かる。trustやcommon goal、toolという言葉も出てくるので、どの概念がどう使われているかに注意して読みたい。

27. 正解：(D)
▶ 第3パラグラフのCEO of Zeller Jewelersの発言に、「われわれ（当社と外部委託企業）は関係をどのように進展させたいかを明確にしなければならない」「仮にその関係がうまくいくなら、外部委託はビジネスを行う上で予算削減の最良の方法となる」とある。節約の最良の方法は「外部委託」で、その前提は「関係がうまくいく」ということ。この2点を組み込んだ(D)が最適である。

28. 正解：(A)
▶ 最終パラグラフ第2文のThe business plan should outline the mutual understanding of the business relationship.を参照。「事業計画は、業務関係の相互理解の概要を示すべき」という意味。後続には、事業計画の目的が明示されている文はない。したがって、この文のshouldが目的を示すものと理解すべき。パラフレーズとしては(A)が最も適切。(B)のように「双方の目標の区分」に重点が置かれているわけではない。

● 訳
設問25～28は次の記事に関するものです。

賢明なビジネスパーソンはだれもが、企業と外部委託サービス業者との良好なアウトソーシング提携がビジネス成功のカギになることを心得ている。それぞれの側が目的を見極め、各自の目標に向けて協力し合う必要がある。どちらか一方が達成したい目標について確信が持てなければ、その関係は損なわれ、双方が損失を被るだろう。

設問・選択肢訳

25. この記事によれば、ビジネスはどうすれば成功しますか。
(A) 外部委託企業にそのカギを提供することによって
(B) 外部委託企業と利益を共有することによって
(C) 外部委託企業とよく理解し合うことによって
(D) 外部委託企業とは異なる目標を持つことによって

26. アウトソーシング提携で問題が発生したときに最も重要なものは何ですか。
(A) コミュニケーション　　　　(B) 信頼
(C) 共通の目標　　　　　　　　(D) 適切なツール

27. どうすれば会社は経費を削減できますか。
(A) 外部委託企業と合併することによって
(B) 外部委託企業に株式を売却することによって
(C) 外部委託企業の事業計画に従うことによって
(D) 外部委託企業と良好な関係を持つことによって

28. 事業計画の目的はどんなものですか。
(A) 会社それぞれの意図の概要を示すこと　(B) 双方の目標を明確に区別すること
(C) それを顧客に販売すること　　　　　　(D) 資産を適切に分配すること

▼

　良好なアウトソーシング提携には、信頼と適切なコミュニケーションが必要となる。コミュニケーションは損なわれた物事を修復する最も効果的なツールである。双方が目標を共有しているアウトソーシング提携は、成功した関係だ。また、企業のニーズはたえず変化するので、アウトソーシング提携は柔軟性を持つべきである。業務のスピードについてもこの点は同様にきわめて重要となる。
　ゼラー・ジュエラーズの最高経営責任者は、自社と外部委託企業との関係がいかに重要であるかを認識している。「われわれは関係をどのように進展させたいかを明確にしなければならない」と彼は言う。「仮にその関係がうまくいくなら、外部委託はビジネスを行う上で予算削減の最良の方法となる」
　しっかりした事業計画を立てることも大切である。事業計画は、業務関係の相互理解の概要を示す必要がある。事業計画が完成すれば、双方がそれを適宜フォローしていかなければならない。事業計画の持つ枠組みは、双方を理想的な業務関係に導く。

●ボキャブラリー

- smart 形賢明な；頭がいい
- outsourcing 名形外部委託（の）
- objective 名目標
- achieve one's goals ～の目標を達成する
- fall apart 崩れる；決裂する
- suffer 動苦しむ
- specify 動明確にする
- exactly 副正確に；はっきりと
- budget-saving 形予算削減の；安上がりな
- solid 形確固とした；揺るぎない
- outline 動概説する；要点を述べる
- mutual 形相互の
- accordingly 副それ相応に；その結果
- prosper 動繁栄する；成功する
- merge 動合併する（with ...）
- assets 名資産

COLUMN 17 ▶ 経営

- articles of incorporation　定款
- disclosure　名情報開示
- shareholder's equity　株主資本
- majority stake　過半数株式
- assets　名資産　◆liabilities　名負債
- solvent　形健全経営の　◆insolvent　形支払い能力がない
- collapse / bankruptcy　名倒産
- break-even point　採算点；損益分岐点
- realignment / consolidation　名再編
- feasibility study　事業化調査；フィージビリティ・スタディ
- back-office operations　事務作業
- synergy　名相乗効果
- alliance　名提携
- investor relations (IR)　企業広報；インベスター・リレーションズ
- due diligence　（買収対象企業などの）資産評価

Questions 29-33

29. 正解：(C)
▶Sylviaが書いた「メール」を見る。本文の第1パラグラフ第1文のI have revised the current manual for the janitorial staff and am sending it along for approval. に注目。この文から彼女が「現行の用務担当スタッフ・マニュアルを改訂した」ことが理解できる。revisedをchangedと言い換えた(C)が正解である。(B)のように、マニュアルをすべて書いたわけではない。また、メールの第3パラグラフの最後にI would like to give it to the janitorial staff by early next week.とあることから、「新しいマニュアルをスタッフに配布した」と完了形で表現している(D)は誤りである。

30. 正解：(B)
▶「メール」の第1パラグラフでは、I have added an extra clause to part III of the manual.と述べた後、疲労が原因で発生した事故を受けて、Therefore, I believe it is necessary for the janitorial staff to change shifts often.（ですから、私は、用務担当スタッフは頻繁に勤務を交替する必要があると考えます）と書いている。ここから、III.-2.の条項が付加されたことが分かる。また、第2パラグラフでは、I have also added a similar clause to part II of the manual.と述べた後、I've done this so that the janitors can avoid accidents when stocking the shelves.（棚の保管作業中に用務員が事故を避けることができるように、こうしたのです）とある。a similar clauseは第1パラグラフのshiftsに関する条項と判断できるので、II.-4も追加されたことが分かる。したがって、(B)が正しい。

31. 正解：(B)
▶設問のall the timesに似た表現を「マニュアル」で探すと、I.-1.-c.にRubber gloves must be worn at all times.とある。用務担当スタッフがいつもすべきことは、「手袋をはめる」ことである。(B)が正解。

32. 正解：(D)
▶「マニュアル」を参照。機器の使用については、III.のCleaning Equipment Operationの各項目を見る。(A)は第4項目に合致するが、「機器を使用する前」にすることではない。(B)と(C)は言及がない。第1項目には時間表現はないが、to operate equipment（機器を操作するため）にマニュアルに正しく従う、ということは、事前にマニュアルを読むことを示している。したがって、(D)が正解となる。

33. 正解：(D)
▶SylviaがJonathanにしてほしいことは、「メール」の第3パラグラフにPlease look over the new additions to the manual and give me your thoughts on them.と書かれている。your thoughts on themをwhat he thinks of the manualと言い換えた(D)が正解である。

設問29〜33は次のマニュアルとメールに関するものです。

[①マニュアル]
用務担当スタッフのための従業員マニュアル

I. 新規用務担当の研修
  1. 研修は安全に行われなければならない。
    a. 適切な機器が提供されること。
    b. 従業員は適切な靴と制服を着用のこと。
    c. 常にゴム製手袋をはめること。

II. 清掃機器の取り扱い
  1. 材料は使用される場所に配送されなければならない。
  2. 危険な材料を取り扱う際には、注意を怠らないこと。
  3. 危険な材料はカギのかかったコンテナに保存されなければならない。
  4. 商品を棚に保管するときは、交替で仕事をする。
  5. 洗剤は小さめで軽量の段ボール箱かドラム缶に保管する。

III. 清掃機器の操作
  1. 機器を操作する正しい方法に関する取扱説明書に従う。
  2. 従業員が疲労しないように、重機器使用の際には交替で仕事をする。
  3. すべての機器が定期的に保守点検されていることを確認する。
  4. すべての機器を適切な方法で使用する。

[②メール]
受信者：ジョナサン・マーカス、人事部長
発信者：シルビア・ローズ
件名：用務担当スタッフのためのマニュアル

ジョナサン様

現在の用務担当スタッフ・マニュアルを改訂しましたので、承認を受けるために送付いたします。先月発生した事故を考慮しまして、マニュアルの第3部に追加条項を付加しました。この事故は勤務中の用務員が疲れていなければ、発生しなかったでしょう。ですから、私は、用務担当スタッフは頻繁に勤務を交替する必要があると考えます。そうすれば、彼らはすべての機器を適切に扱うことができるようになるはずです。

マニュアルの第2部にも同様の条項を加えました。棚での保管作業中に用務員が事故に遭わないように、こうしたのです。この仕事をする社員が疲れていると悲惨な結果を被る可能性があることに同意いただけるものと思います。

マニュアルの新規追加事項をご覧いただき、お考えをお聞かせください。来週の早い時期に用務担当スタッフに配布したいと思います。

ありがとうございます。

よろしくお願いします。
シルビア

設問・選択肢訳

29. シルビアは何をしましたか。
  (A) 彼女は事故に遭った。
  (B) 彼女はマニュアルを全部書いた。
  (C) 彼女は用務員マニュアルを変更した。
  (D) 彼女は新しいマニュアルをスタッフに配った。

30. シルビアはどの条項をマニュアルに付け加えましたか。
  (A) 第3部の第2項のみ
  (B) 第2部の第4項と第3部の第2項
  (C) 第2部の第2項と第3部の第4項
  (D) 第2部の第3項と第3部の第2項

31. 用務員はいつも何をしなければなりませんか。
  (A) 棚の保管業務をする
  (B) 手袋を着用する
  (C) 適切な機器を提供する
  (D) 素材を配布する

32. 機器を使用する前に何をしなければなりませんか。
  (A) 用務担当者は適切な方法をとらなければならない。
  (B) 用務担当者は手を洗わなければならない。
  (C) 用務担当者は疲れていなければならない。
  (D) 用務担当者は操作マニュアルを読まなければならない。

33. シルビアはジョナサンに何をしてほしいですか。
  (A) 現在のマニュアルにいくつか変更を加える
  (B) 新しいマニュアルを社員に配布する
  (C) 来週、この件について彼女に会う
  (D) 彼がマニュアルについて考えていることを彼女に伝える

●ボキャブラリー

- **janitorial** 形用務（員）の
- handle 動取り扱う
- **rotate shifts** 交替する
- carton 名段ボール箱；カートン
- drum 名ドラム缶
- **revise** 動改訂する
- in light of ～の観点から
- **ensure** 動確実にする
- **disastrous** 形悲惨な
- proper 形適切な
- **hazardous** 形危険な
- agent 名（作用）物質；薬剤
- **fatigue** 名疲労
- current 形現行の
- occur 動発生する
- **clause** 名条項
- entire 形全部の；全体の

Questions 34-38

34. 正解：(C)
▶「メモ」の本文第1パラグラフで、「将来の成長を見極めるため、過去を振り返り、業績を評価すること」、そして「事業規模の縮小を補てんするため、新しい戦略が必要であること」が告げられる。新しい戦略については、第2・第3パラグラフで具体的に説明されている。(B)、(C)、(D)が本文の内容に相当するが、(B)の「支出削減の奨励」と(D)の「失職＝レイオフ」は、それぞれ新しい戦略の1つにすぎない。ここではそれらをまとめて、「事業改善のために計画されていることを社員に留意させること」とする(C)が最適である。

落とし穴 文書の目的については冒頭部分に書いてあることが多い。微妙な選択肢が並ぶ場合には、全体に目を通して、キーワードを確認することも必要だが、本論と枝葉末節を混同しないこと。

35. 正解：(A)
▶「メモ」の第2・第3パラグラフで示されている戦略は、a reduction in expenses（経費の削減）、evaluate sales and marketing plans（販売・マーケティング計画の評価）、keep advertising expenses to a minimum（広告費を最小限に保つこと）、our cutbacks may include some staff positions（合理化はいくつかの社員のポストにも及びうる）という4点。これらの1つに正確に合致するのは(A)のみ。(B)のように「全社員を解雇する」わけではない。

36. 正解：(B)
▶「メモ」の第3パラグラフ第2文に、We will be conducting employee evaluations and determining which positions will be cut over the next two quarters.と、社員のポスト削減のプロセスが述べられている。We will be conducting employee evaluationsを、employees（社員）を主語にして書き換えた(B)が正解である。

37. 正解：(D)
▶「事業計画」のQuarter 3を見ると、Gross Profitが($90,000)と金額がカッコ付きで表示されている。英語の損益計算書などではカッコ付き数字は赤字を表す。したがって、「赤字を計上した」とする(D)が正しい。この第3四半期の赤字については、「メモ」でもWe've experienced rough times the last quarterと言及されている。

38. 正解：(B)
▶「事業計画」のAmount needed:を見ると、$1-$2 million will be necessary to maintain R&D and to retain personnel over the next two quarters.との記述がある。次の2四半期は「研究開発の継続」と「雇用の維持」のために100～200万ドルが必要ということ。(B)が正しい。

● 訳

設問34〜38は次の事業計画とメモに関するものです。

[①事業計画]
ハーダム社業績評価

第1〜第3四半期
ハーダム社は最初の3四半期に下記の利益を計上した：

	第1四半期	第2四半期	第3四半期
収入	$750,000	$620,000	$550,000
営業経費	$550,000	$500,000	$640,000
粗利益	$200,000	$120,000	($90,000)

資金調達の選択肢

必要額	次の2四半期に、研究開発を継続し、人員を確保するために100〜200万ドルが必要となるだろう。

[②メモ]
社内連絡

受信者：全社員
発信者：ハロルド・フリーマン（本部長）
件名：事業の最新情報

　ハーダム社では将来の発展を見極めるため、四半期単位で過去を振り返り、業績を評価しています。われわれは前四半期に業績が悪化し、事業規模の縮小を補うため新しい戦略が必要となっています。
　われわれが実行しようと計画している戦略の1つは、経費の削減です。われわれはまた、販売・マーケティング計画の評価を行い、広告費を最小限にしていかなければならないでしょう。
　残念なことですが、われわれの合理化には、何人かの社員のポストが含まれる可能性があります。われわれは社員の評価を行い、次の2四半期にどのポストを削減するかを決定する予定です。
　ご協力に感謝するとともに、我が社のさらなる繁栄を切望しております。

設問・選択肢訳

34. このメモの目的は何ですか。
(A) 社員に他社での仕事を見つけるよう求めること
(B) 社員に支出をやめるよう促すこと
(C) 業務改善のために計画されていることを社員に留意させること
(D) 社員に職を失うことを警告すること

35. この会社が事業を改善しようとする方法の1つは何ですか。
(A) 広告費を削減する
(B) 全社員を解雇する
(C) 予算を引き上げる
(D) 社員の評価を引き下げる

36. 次の2四半期に何が起こりますか。
(A) すべてのポストが削減される。
(B) 社員が評価される。
(C) すべての経費が半分に削減される。
(D) 事業規模が縮小される。

37. 第3四半期にハーダムに何が起こりましたか。
(A) 収支が均衡した。
(B) 営業経費が減少した。
(C) わずかな利益を計上した。
(D) 赤字を計上した。

38. ハーダムは次の2四半期にどれくらいの資金が必要でしょうか。
(A) 75万ドル
(B) 100〜200万ドル
(C) 64万ドル
(D) 200〜300万ドル

● ボキャブラリー
- ☐ evaluation 名評価
- ☐ **revenues** 名収入
- ☐ **operating expenses** 営業経費；事業経費
- ☐ **gross profit** 粗利益；総利益
- ☐ **retain** 動保持する；維持する
- ☐ look back 振り返る
- ☐ evaluate 動評価する；査定する
- ☐ rough times 苦しい時期
- ☐ **make up for** 〜を埋め合わせる；〜を補てんする
- ☐ **incorporate** 動組み込む；具体化する；法人格を与える
- ☐ **cutback** 名削減；合理化
- ☐ **prosperous** 形繁栄する
- ☐ **lay off** 解雇する
- ☐ inflate 動膨らませる
- ☐ assess 動評価する；査定する
- ☐ **break even** 収支が均衡する
- ☐ **slight** 形わずかな

Questions 39-43

39. 正解：(C)
▶「メール」本文の冒頭に注目。This is to inform you that our construction firm, Carruthers Builders, has not yet received payment for the work done on your redwood deck the second week of October.とあることから、受取人のゴサードさんがまだカールサーズ・ビルダーズへの支払いを済ませていないことを通告するのがメールの目的だと分かる。(C)の「未払金額について顧客に知らせるため」が正解。

40. 正解：(D)
▶「請求書」を見ると、Date（日付）がOctober 30であり、Please remit payment within thirty days of billing dateから支払期日が1カ月後であることが読み取れる。10月30日の1カ月後は11月30日。したがって、(D)が正解。

41. 正解：(B)
▶「メール」を見ると、テラス組み立ての業務について時間表現が2度使われている。まず、第1パラグラフ第1文に ... has not yet received payment for the work done on your redwood deck the second week of October.とあり、この業務が「10月第2週」に行われたことが分かる。もう1つは、第3文のIt has been five months.で、ここから「10月第2週」が「5カ月前」であることも理解できる。(B)が正解。

42. 正解：(D)
▶「メール」の第2パラグラフ冒頭のWe expect that you will send payment to our accountant once you read this message.に注目。read this messageは設問文では、receives this messageに言い換えられている。このメッセージを受け取ったら、「当社の会計係に支払いを行う」ということである。支払期限については、最終文のIf we do not receive payment by the end of this week, we will start legal collection proceedings.とあることから、「今週末」である。したがって、(D)の「その週の終わりまでに支払いを行う」が正解。

43. 正解：(C)
▶「メール」の第2パラグラフ第2文のWe have also mailed a hard copy of this message to your place of business.から、この会社はすでにゴサードさんに「この（メール）メッセージのコピー」を送っている。mailは通常、「普通郵便で送る」という意味である。ここでは本文のメールと対比的に用いられていて、to your place of businessからも普通郵便であることは明らか。(C)が正しい。

● 訳

設問39～43は次の明細書とメールに関するものです。

[①明細書]
カールサーズ・ビルダーズ

請求明細
顧客番号：48392
日付：10月30日

未払金額

材料		5,500ドル
労賃	20.0時間	4,000ドル
小計		9,500ドル
税金		150ドル
合計		19,150ドル

請求日から30日以内に送金をお願いします
クレジットカードおよび個人小切手も利用可
カールサーズ社宛てにお支払いください。

カールサーズ・ビルダーズ
ファーストストリート283番地
ボストン、マサチューセッツ州63738

[②メール]
件名：提供されたサービスの代金
受信者：J・D・ゴサード　<gothard@rin.com>
発信者：スタン・カールサーズ　<stan@carruthers.com>

親愛なるゴサード様

　当建設会社、カールサーズ・ビルダーズが、10月第2週にお客様のセコイア製のテラスに対して行った業務の代金をまだ受理していないことをお知らせいたします。当社の方針により、お支払いがない場合には業務が行われてから3カ月後に法手続きを開始させていただきます。すでに5カ月が経過しております。
　本状をお読みになられたうえで、当社経理担当まで代金をご送付いただけることを期待しております。また、当社はお客様の事業所宛てに本状のコピーを郵送させていただきました。今週末までに代金を受領できない場合には、法的な回収手続きを開始いたします。

敬具

スタン・カールサーズ
最高経営責任者
カールサーズ・ビルダーズ

設問・選択肢訳

39. このメールの目的は何ですか。
　(A) 行われた支払いについて顧客に知らせること
　(B) 進行中の法手続きについて顧客に知らせること
　(C) 未払請求額について顧客に知らせること
　(D) 方針の変更について顧客に知らせること

40. もともとの支払い期限はいつですか。
　(A) 12月30日　　　　　　　　　(B) 3月30日
　(C) 10月30日　　　　　　　　　(D) 11月30日

41. どれくらい前にセコイア製のテラスは組み立てられたのですか。
　(A) 数週間前　　　　　　　　　(B) 5ヵ月前
　(C) 1週間前　　　　　　　　　 (D) 3ヵ月前

42. カールサーズ・ビルダーズは、ゴサードさんがこのメッセージを受け取ったとき、何をすることを望んでいますか。
　(A) ハードコピーを彼らの事業所に郵送する
　(B) 彼らにセコイア製のテラスについて知らせる
　(C) 法手続きを開始する
　(D) その週の終わりまでに支払いを行う

43. ゴサードさんに普通郵便で何が送られますか。
　(A) 金利が付加されたもう1件の請求書
　(B) 難解な法律用語の書類
　(C) このメール・メッセージの紙のコピー
　(D) ハードディスク

● ボキャブラリー
- □ **remit** 動送金する
- □ **billing date** 請求日
- □ **render** 動提供する；与える
- □ **redwood** 名セコイア；（一般に）赤色木材
- □ **deck** 名デッキ；テラス；ベランダ
- □ **legal proceedings** 法手続き
- □ **accountant** 名経理担当者；会計士
- □ **collection** 名徴収；回収
- □ **interest** 名金利
- □ **legal terms** 法律用語

Questions 44-48

44. 正解：(D)
▶Julieの個人の情報なので「メール」を見る。第1パラグラフ第2文にI'm currently working on a journalism degree in college.という記述がある。work onは「取り組む；従事する」の意味で、彼女は「現在大学でジャーナリズムの学位取得に取り組んでいる」ことが理解できる。「彼女は大学に通っている」とする(D)が正解。

45. 正解：(D)
▶「求人広告」のResponsibilities include: 以下に列挙されている5項目と選択肢を正確に照合しよう。第1項目から「メールと連絡メモの作成・編集」に携わることは分かるが、(A)のように「ニュースを報道（報告）する」わけではない。第2項目は「会議の段どりをする」という意味で、(B)のように「会議を主催して開く」ことではない。(C)の「投資」については言及がない。(D)の「さまざまな産業で人気のあるものを調べること」は、第3項目の「産業トレンドをモニターする」のパラフレーズと理解できる。これが正しい。

46. 正解：(B)
▶「求人広告」のRequirements: 以下に3点が列挙されている。「コミュニケーション業務の経験あれば尚可」、「文書・口頭による高度な意思疎通能力が必要」、「コンピュータが使えること」。(B)が第2項目に合致するので、これを選ぶ。

47. 正解：(C)
▶Julieは「求人広告」が求める資格について、「コミュニケーション」についてはI worked in the school office handling the school's communications.と、「コンピュータ」についてはI'm also computer-literate and am familiar with many software applications.と書いている。後者が(C)と合致する。

48. 正解：(C)
▶「求人広告」には、最後にplease send your résumé as an e-mail attachment and include a cover letter.という指示があり、履歴書（résumé）を添付書類（e-mail attachment）として送付することが求められている。Julieも「メール」の中でPlease look over my résuméと書いていることから、履歴書を添付したことが分かる。

設問44〜48は次の求人広告とメールに関するものです。

[①求人広告]
夏期インターン募集
マーデン・アソシエーツのコミュニケーション部門が人材を募集
　マーデンは世界中のオンライン・マーケティング会社にサービスを提供するコンサルタント企業です。1980年に設立された当社は、優れた顧客サービスの伝統と業務手法に定評があります。当社は目下、コミュニケーション部門を補助できる夏期インターンを募集しています。

業務内容には以下のものが含まれます：
・広告コピー、メール・メッセージ、連絡メモ、その他さまざまな書類の執筆・編集の補助
・会議の計画
・産業トレンドのモニター
・市場調査の実施
・報告書の作成

資格：
・コミュニケーション業務の経験あれば尚可
・文書・口頭による高度な意思疎通能力が必要
・コンピュータが使えること

　これはコミュニケーション分野への就職を計画している大学生にぴったりの就業機会です。当社は締め切りを厳格に順守できる、優れた専門家を求めています。
　早急な検討を要するため、履歴書を電子メールの添付書類として、添え状とともにお送りください。

[②メール]
受信者：info@marden.net
発信者：julies@nsl.com
件名：夏期インターンのポスト

ご担当者様

貴社の夏期インターンの広告を見て、連絡しています。私は現在、大学でジャーナリズムの学位取得に取り組んでいます。今まで毎年、学校事務室で、学校の連絡業務に従事してきました。私の業務は貴社の広告で紹介されたものと同様でしたので、私は広告に掲載された仕事に適任だと思います。私はコンピュータに明るく、多くのアプリケーションソフトを使いこなせます。
私はとても勤勉で、いつかコミュニケーションまたはジャーナリズムの仕事に就きたいと思っています。私の履歴書をご覧いただき、貴社に向いているかどうかお教えください。お返事をお待ちしています。

敬具
ジュリー・サムソン

設問・選択肢訳

44. ジュリーは今、何をしていますか。
(A) 彼女は学校事務局で働いている。　(B) 彼女は履歴書に目を通している。
(C) 彼女はマーデンで働いている。　(D) 彼女は大学に通っている。

45. このポストの業務の1つはどんなものですか。
(A) メールと連絡メモでニュースを報道すること
(B) 会議を主催すること
(C) 市場に投資すること
(D) さまざまな産業で人気のあるものを調べること

46. このポストの要件は何ですか。
(A) 応募者は25歳を超えていなければならない。
(B) 応募者は優れた会話・文書作成技能を持っていなければならない。
(C) 応募者はコンピュータ科学書を持っていなければならない。
(D) 応募者は管理職の経験を持っていなければならない。

47. なぜジュリーは自分がこのポストに適任だと思うのですか。
(A) 彼女はコミュニケーションの勉強をしている。
(B) 彼女はジャーナリズムの学位を持っている。
(C) 彼女にはコンピュータの技能と経験がある。
(D) 彼女はいつかそこで働きたいと思っている。

48. ジュリーは彼女のメールに何を付けましたか。
(A) 推薦状　　　　　　　　　(B) 締め切り
(C) 履歴書　　　　　　　　　(D) 同封物

● ボキャブラリー

- intern 名見習い；インターン
- responsibility 名職責
- requirement 名要件；資格
- computer literacy コンピュータ操作能力
- get into 〜に入る；〜にかかわる
- outstanding 形優れた；際だった
- deadline 名締め切り；納期
- e-mail attachment メール添付書類
- cover letter 添え状
- degree 名学位
- found 動創設する
- conduct 動実施する；行う
- preferred 形優先の；好ましい
- managerial 形管理（職）の
- suitable 形適した；適格の

●ボキャブラリー

COLUMN 18 ▶ 求人・人事

- qualification 名資格 ◆qualified 形資格のある
- expertise 名専門技術；専門知識
- probation 名試用期間；見習い期間
- employer 名雇用主 ◆employee 名被雇用者；従業員
- hire / employ 動採用する　　fire / dismiss 動解雇する
- human resources 人材；人事部
- duties 名業務　　　　　　　allowance 名手当
- paid holidays 有給休暇
- overtime compensation / payment 時間外手当
- evaluation 名評価 ◆evaluate 動評価する
- starting salary 初任給　　　track record 実績

COLUMN 19 ▶ 教育

- enrollment 名入学 ◆enroll 動入学する
- undergraduate 名学部学生 形学部学生の
- sophomore 名 形大学2年生（の）
- junior 名 形大学3年生（の）
- senior 名 形大学4年生（の）
- diploma 名卒業証書；学位
- degree 名学位 ◆bachelor's degree（学士号）、master's degree（修士号）、doctor's degree（博士号）
- principal 名校長；学長
- syllabus 名（講義などの）項目；大要
- liberal arts 一般教養科目
- tuition 名学費；授業料
- scholarship 名奨学金

Tips ③

パラフレーズのパターン

　TOEICの特徴である、設問や選択肢でのパラフレーズにはいくつかのパターンがある。以下、パターン別に例を示す。

◎固有名詞が一般名詞・代名詞に
- Mr. Gerald Hughes（ジェラルド・ヒューズ氏）→ the president（その社長）
- France（フランス）→ its counterpart（その相手国）
- Cosmocare Inc.（コスモケア社）→ they（彼ら；その会社）

◎類義語が使われる
- soft drink（ソフトドリンク）→ beverage（飲料）
- travel plan（旅行計画）→ itinerary（旅行計画）
- acquire the company（その会社を獲得する）
　→ take over the company（その会社を買収する）

◎文の形態が変わる
- acquire many more contracts（さらに多くの契約を獲得する）
　→ get more clients to sign up for their services
　　（さらに多くの顧客に彼らのサービスに契約してもらう）
- The spurt in stock prices was attributed to decrease of unemployment rate.
　（株価急騰は失業率の低下に帰せられた）
　→ Stock prices jumped up due to decrease of unemployment rate.
　　（失業率が低下したため株価が上昇した）

◎品詞が変わる
- outrageous prices（とんでもない値段）→ pricey（高価な）

◎項目の数や順番が入れ替わる
- record, edit and burn a CD（記憶・編集・ＣＤ焼き込み）
　→ burn a CD and edit（ＣＤ焼き込みと編集）

　上記の複数が組み合わされることもあるが、問題練習で訓練を積んでおけば、慣れていくはずだ。ただ、類義語については知識が必要になるので、初・中級の受験者は日頃から意識的に覚えるようにしたい。

模擬テスト4

4回目の模擬テストに挑戦しましょう。
問題数は本試験と同じ48問です。
すべてを解ききる練習のため48分で解答しましょう。
砂時計で「残り時間」を表示します。

制限時間 **48分**

問　　題　☞194ページ
正解と解説　☞218ページ

Questions 1-3 refer to the following help wanted ad.

Business Analyst

Global Business Associates, a prominent business development firm, is seeking an experienced and professional Business Analyst. This is a high-level position that requires at least 10 years experience as a business owner. The right candidate must have superior analytical skills, and must be a skilled communicator. Not necessary to relocate. Must have a strong background in sales in order to sell our services to business owners and senior management. Commissions and comprehensive benefits provided. Time-and-a-half for overtime. Interested individuals should forward their résumés to: GBA   Fax: (707) 456-9404   E-mail recruit@bpa.com

1. What type of company is GBA?
    (A) A media and communications firm
    (B) A firm that develops prominent businesspeople
    (C) A company that helps businesses grow
    (D) A firm that provides legal advice

2. What is one benefit of the position?
    (A) The person will be able to sell well.
    (B) The person will not be transferred.
    (C) The person will become a senior manager.
    (D) The person can get 10 years experience as a business owner.

3. What will the person receive if he works overtime?
    (A) Commissions
    (B) Comprehensive benefits
    (C) Twice the hourly wage and half commissions
    (D) The hourly wage plus an extra half

★ **Questions 4-5** refer to the following table.

Compensation Table

The following table indicates the salaries earned by top executives at Hart Inc. The listed individuals served as executive officers up to the end of the fiscal year. We are required by law to make this information available to all stockholders.

Name and position	Salary	Bonus	Awards	Other
Thomas Gilbert Chief Executive Officer	475,000	900,000	2,400,000	2,570
Anna Clovis Executive Vice President	450,000	560,000	100,000	5,830
Linda P. Greene Chief Financial Officer	425,000	510,000	350,000	3,500
Robert Harris Chief Sales Officer	400,000	490,000	70,000	1,200
Mac Norton Chief Operating Officer	375,000	445,000	160,000	4,800

(US dollars)

Does not include company contributions to 401(k) plan.

4. Who is this table intended for?
   (A) The company Chief Executive
   (B) The company Chief Operating Officer
   (C) The stockholders in the company
   (D) The top executives

   Ⓐ Ⓑ Ⓒ Ⓓ

5. Who had the highest amount of other compensation?
   (A) Anna Clovis
   (B) Thomas Gilbert
   (C) Robert Harris
   (D) Linda P. Greene

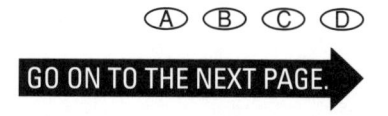

   Ⓐ Ⓑ Ⓒ Ⓓ

GO ON TO THE NEXT PAGE.

★★ Questions 6-7 refer to the following form.

Claim Form for Medical Benefits Due to Accident

*Please note that medical records should be filed with this claim.

If a filer has already received benefits from an employer or insurer, you must still file a claim with the state. Please complete all of the questions. Please attach a separate sheet if you are claiming wage loss.

After completing the form, send it to us in the envelope provided to help us process your claim more quickly. You must also send a copy of the completed form to your employer.

1. Have you ever received compensation payments for this accident?
2. Please write your employer's workers' compensation insurance carrier
3. Accident Date:
4. Location of accident:
5. How did the accident happen?
6. Describe the injury:
7. What benefits are you seeking?
   ____ Compensation for permanent injury
   ____ Payment of medical bills
   ____ Extra compensation for wrongful injury
   ____ Payment for death or injury to spouse

SIGNATURE:_____   Date:_____

6. What should a claimant who has lost a portion of his salary do?
   (A) Call the agency
   (B) Fill out a separate form
   (C) Write it down on the form
   (D) Attach a different piece of paper

   Ⓐ Ⓑ Ⓒ Ⓓ

7. What is one of the benefits a person can claim?
   (A) Compensation for permanent employment
   (B) Payment for the employer
   (C) Compensation for losing a wife or husband
   (D) Payment for getting fired

   Ⓐ Ⓑ Ⓒ Ⓓ

GO ON TO THE NEXT PAGE.

Questions 8-10 refer to the following classified ad.

> ### Going Out of Business Sale
>
> We are going out of business and are selling our executive chairs. There are a total of 20 chairs, and they are attractive, comfortable and sturdy office chairs. Each chair has a modern and stylish design. The styles are different and there are many choices. Some are without armrests. The chairs are adjustable, and five of them are reclining. The more expensive ones have great lumbar support. They have nine years left on a 12-year limited warranty. We can deliver in the area within 48 hours. We tack any shipping/handling costs onto the price of the chair. Prices vary for each chair depending on its condition. Please call Doug at 228-7712 for more info.

8. What is one of the features of the chairs for sale?
   (A) They are lightweight.
   (B) They are durable.
   (C) They all have attractive armrests.
   (D) They are on an unlimited warranty.

9. What is a feature of the pricey chairs?
   (A) They will support the legs.
   (B) They are made from a special type of lumber.
   (C) They will not cause back pain.
   (D) They will lean back.

10. What will the seller do about the shipping costs?
    (A) He will waive them.
    (B) He will add them to the selling price.
    (C) He will subtract them from the selling price.
    (D) He will charge the buyer's credit card.

★★★ **Questions 11-12** refer to the following information.

Information for Business Travelers Carrying Commercial Merchandise or Samples

There are certain customs rules that business travelers must follow in order to carry commercial merchandise into and out of the United States:

1. Payment of Duty

You must remit the required duty and/or taxes on the merchandise upon arrival. There are no exceptions.

After payment, the merchandise will be released from customs to the importer, and this will allow the goods to be sold or exported.

The imported merchandise must be in the same condition as declared upon the original payment of duty.

2. Temporary Importation Under Bond (TIB)

Samples that are used for taking orders for merchandise and not for sale are eligible for importation without the payment of duty. This is known as Temporary Importation Under Bond (TIB).

11. What is one customs law that business travelers must observe?
    (A) They must pay a fee.
    (B) They must release goods to the importer.
    (C) They must sell or export merchandise.
    (D) They must reiterate their duties.

    Ⓐ Ⓑ Ⓒ Ⓓ

12. Under what circumstances are duties for merchandise exempt?
    (A) When the traveler buys a bond
    (B) When the merchandise is for filling orders
    (C) When the goods are put on sale
    (D) When the merchandise will not be sold

    Ⓐ Ⓑ Ⓒ Ⓓ

GO ON TO THE NEXT PAGE.

★★ **Questions 13-15** refer to the following e-mail message.

Subject: Domain Renewal

To: Standard Industries <info@standardin.com>
From: Domains Unlimited service@domains.com

Dear Customer,

This is to inform you that your domain, standardin.com, will expire on July 30. We urge you to click on the link **here** at your earliest convenience to renew it. Once you reach our online renewal form, you will have several options to choose from. You may choose to renew your domain for one, two or five years. The charge for one year is $80, two years is $150 and five years is $300. We offer payment installment plans for your convenience. Should you choose to change or cancel your domain, please use our online form. There will be an additional charge of $25 to change your domain.

Yours truly,
Chris Flaherty
Domains Unlimited

13. What is the purpose of this message?
 (A) To ask Standard Industries to use online forms
 (B) To let Standard Industries know that its credit will expire
 (C) To inform Standard Industries that their site name will soon terminate
 (D) To remind Standard Industries to change their domain

Ⓐ Ⓑ Ⓒ Ⓓ

14. What extra service is Domains Unlimited offering?
 (A) Online form creation for customers' sites
 (B) A payment plan for domain renewal
 (C) Free Internet service installation
 (D) Several domain names at no extra charge

Ⓐ Ⓑ Ⓒ Ⓓ

15. What must a company that wishes to cancel its domain do?
 (A) Fill out Domains Unlimited's online form
 (B) Pay an additional charge of $25
 (C) Pay in installments
 (D) Install new software

Ⓐ Ⓑ Ⓒ Ⓓ

GO ON TO THE NEXT PAGE.

Questions 16-18 refer to the following advertisement.

Do You Need Affordable Dental Care?

We at Dental Coverage Inc. know how difficult it is to find a good dental plan that has excellent coverage. That's why we have networked with over 100,000 dentists across the country to come up with the ultimate dental plan for you and your family. Our premium plan, Dental Cover Gold, offers savings of 70 percent on dental care, specialist care coverage for braces or gum surgery and free cleanings! Sign up for our plan today, and we'll include an extra four months of coverage free of charge. The Dental Cover Gold plan is economical, too. Premiums start at $500 per year. Call Dental Coverage now to get your free estimate at 375-8499-0044.

16. What is this advertisement for?
   (A) A specialist in gum surgery
   (B) Dental care
   (C) A network of dentists
   (D) Dental insurance

17. What can a person that signs up for the plan immediately receive?
   (A) Several months of insurance at no charge
   (B) Braces that will cover the teeth for four months
   (C) Free gum surgery and cleanings
   (D) A free cover for their toothbrush

18. What will a person that calls the company receive?
   (A) A free cleaning
   (B) An estimate of the amount of gum surgery needed
   (C) An free estimate on braces
   (D) A calculation of the costs of the plan

GO ON TO THE NEXT PAGE.

Questions 19-22 refer to the following report.

Special Report:

Studies show that investors would be wise to avoid the cellular phone industry.

Investors are growing weary of the wireless sector these days. Shares from the top five corporations are in a downward spiral. To make matters worse, the stocks in the sector that escaped the worst of the tech sell-off last year have been plummeting lately. The index for these stocks has already plunged 40 percent.

Parts, mold and chip manufacturers in the sector have also been hit hard as investors dump shares in related companies. This has led to dismal fourth-quarter earnings for the leading chipmaker, TeleCore.

Analysts are predicting that stocks in the sector will go even lower before going up, so investors are advised to wait out the storm.

19. What is happening to cellular phone companies?
    (A) They are selling off their products.
    (B) Their stocks are being sold off.
    (C) Investors are buying in the tech sector.
    (D) Analysts are advising them to wait out the storm.

    Ⓐ Ⓑ Ⓒ Ⓓ

20. What is happening to stocks that survived last year's tech sell-off?
    (A) They have gone up 40 percent.
    (B) They are selling 40 percent to investors.
    (C) They are escaping the worst of this year's sell-off.
    (D) They are descending abruptly.

    Ⓐ Ⓑ Ⓒ Ⓓ

21. What are investors doing with cellular phone-related companies?
    (A) Buying parts, molds and chips from the companies
    (B) Selling their chips purchased from TeleCore to the companies
    (C) Selling their shares in the companies
    (D) Buying up stock in the companies

    Ⓐ Ⓑ Ⓒ Ⓓ

22. What are analysts telling investors to do?
    (A) Take shelter during a storm
    (B) Wait before buying the cheaper shares
    (C) Buy shares now while they are cheap
    (D) Sell off their shares immediately

    Ⓐ Ⓑ Ⓒ Ⓓ

GO ON TO THE NEXT PAGE.

Questions 23-24 refer to the following questionnaire.

Job Satisfaction Questionnaire Results for Workers in the Higher Education Sector

Due to the high job turnover rate in the educational sector, the state conducted the following survey in order to assess the level of job satisfactions of educators. 3,000 educators from all around the state were asked to respond.

1. Are you employed by a University?
   Yes   85 %   No   15%

2. Do you work full time or part time?
   Full time   96.5%   Part time   3.5%

3. How many hours per week do you typically work?
   Fewer than 20 hours   0%   Between 20 and 40 hours   9.3%
   40 hours   64.4%   Between 40 and 60 hours   18.7%
   Between 60 and 80 hours   7.6%

4. What subject do you teach?
   Language Arts   16.4%   Humanities   9.4%
   Mathematics   23.9%   Arts   12.9%
   Science   5.5%   Other   31.9%

5. Are you satisfied with your job?
   Yes   11.9%   Somewhat   80.8%
   Neutral   7.3%   No   0 %

6. Does your job cause stress?
   Yes   28.9%   Somewhat   60.2%
   Neutral   8.9%   Not at all   2.0%

7. (If applicable) With regard to questions asked about your satisfaction level, please indicate the reason(s) you are dissatisfied with your job.
   - I don't get enough vacation time.   7.7%
   - I don't get health insurance benefits.   15.9%
   - My wages are too low.   64.4%
   - I do not get along with my coworkers.   12.0%

The state advised university officials to improve working conditions in order to keep staff on a long-term basis.

23. What is the reason this questionnaire was given?
    (A) To find out how often educators get promoted
    (B) To find out how dissatisfied educators are with their education
    (C) To find out why educators are satisfied with their positions
    (D) To find out why educators switch jobs often

    Ⓐ Ⓑ Ⓒ Ⓓ

24. What were university officials asked to do?
    (A) Take better care of their workers
    (B) Give their employees some conditions to work
    (C) Keep the results of the staff survey
    (D) Improve working conditions for themselves

    Ⓐ Ⓑ Ⓒ Ⓓ

GO ON TO THE NEXT PAGE.

Questions 25-28 refer to the following article.

The idea of artificial intelligence (known as AI) has long been thought of as impossible. People are not completely convinced about AI because they have had no definitive demonstration of its intelligence. The fact is, AI has made many advances that are unknown to the general public and is sure to change our views of intelligence.

Research into AI started just after WWII. In 1947, a British mathematician named Alan Turing was the first to come up with the idea to research AI through computer programs and not by merely building machines. From then on, many researchers on the subject did their research by programming computers. Turing also wrote an article in 1950 that described how to decide if a machine is intelligent or not. He decided that if a machine was able to fool people into thinking it was human, it must be intelligent.

The notion that machines cannot be intelligent is now beginning to fade. In the past, machines have not been able to handle complex work. But computers nowadays can handle difficult tasks as well as learn.

AI is becoming more technically advanced and will open up our world to new and endless opportunities, but in the wrong hands, it could pose a threat. We should be optimistic yet cautious about a future with AI.

25. Why are people skeptical about AI?
    (A) They have had no use for it.
    (B) They believe computers are impossible to use.
    (C) They haven't seen convincing evidence of it.
    (D) They have seen it make many advances in technology.

    Ⓐ Ⓑ Ⓒ Ⓓ

26. How did Turing determine if a machine was intelligent?
    (A) If it could chat with humans
    (B) If it could convincingly act human
    (C) If it could act foolish
    (D) If it could program a computer

    Ⓐ Ⓑ Ⓒ Ⓓ

27. What is believed today?
    (A) That the general public can change AI
    (B) That computers cannot handle complex work
    (C) That machines may indeed be intelligent
    (D) That machines cannot be intelligent

    Ⓐ Ⓑ Ⓒ Ⓓ

28. What could happen to AI in the future?
    (A) It could learn how to pose.
    (B) It could be cautious of people.
    (C) It could learn to be optimistic.
    (D) It could be misused.

    Ⓐ Ⓑ Ⓒ Ⓓ

GO ON TO THE NEXT PAGE.

Questions 29-33 refer to the following statement and letter.

BUSCORP BANK   Credit Card Statement
                                              5/30

Robert Lindin
Account number: 0093478
Visa 2819-2839-5555

Payee	Date	Amount
City Grocers	5/1	$120.00
Tone Music	5/2	$ 50.00
Hart Travel	5/5	$269.00
Bill's Deli	5/10	$ 30.00
Aladino's Restaurant	5/15	$ 50.00
Service charge		$ 25.00

Payment will be withdrawn from account number 0093478 on 6/10
Payment remitted from last statement 5/11

BusCorp Bank
1177 Davis Blvd.
Gardenia, CA 94639

Attn: Billing Inquiries

Dear Sir or Madam:

    I am writing to inquire about a $50 charge on my statement. I believe there is a discrepancy.
    My May 2 purchase at Tone Music Shop was actually $30. I hope you will realize this error and credit my account for $20. I would also like you to send me a revised statement.
    Enclosed you will find my receipt and the credit card statement that has the error.
    I hope you can resolve this matter in an efficient and timely manner.

Yours truly,
Robert Lindin

29. Why did Mr. Lindin write this letter to the bank?
    (A) He wanted a total refund for his purchase.
    (B) He wanted to pay the creditor $20.
    (C) He was undercharged for his billing statement.
    (D) There was an inconsistency on his billing statement.

30. What would Mr. Lindin like the bank to do?
    (A) Cancel his credit card
    (B) Loan him $20 and send a revised statement
    (C) Pay him the difference and send a new statement
    (D) Charge $20 dollars on his credit card

31. When will payment be made to the bank?
    (A) May 2
    (B) June 10
    (C) May 11
    (D) May 30

32. What did Mr. Lindin send to the bank?
    (A) Money to credit to his account
    (B) His statement and receipt
    (C) His credit card
    (D) A statement for the bank to sign

33. How much was the bank's extra fee?
    (A) $50.00
    (B) $25.00
    (C) $20.00
    (D) $30.00

GO ON TO THE NEXT PAGE.

Questions 34-38 refer to the following notice and the letter.

NOTICE TO TERMINATE TENANCY

Note: This Eviction Notice is Pursuant to the State Tenant Act of 1981

TO: Mr. Harold Robinson
2900 Fairfield Drive #202
Walker County
Bedsford, WA

You are hereby notified that your tenancy of the premises at 2900 Fairfield Drive #202 in Walker County, is hereby terminated, as indicated by the eviction laws of the state of Washington, for failure to pay rent. You are ordered to surrender tenancy of the premises by the termination date specified below. You will be required to surrender the premises by personally delivering the key to the landlord or his agent.

TERMINATION DATE: Midnight on the 4th day of June

If you fail to follow these instructions, we will be allowed by law to enter the premises and physically remove your possessions.

Landlord: James Scott
Agent: Sandra Hughes

James Scott
288 Greene Lane
Bedsford, WA

Dear Mr. Scott,

    My name is Alan Robinson, and I'm writing on behalf of my father, Harold Robinson. I just received an eviction notice for him in his forwarded mail. My father has been ill and is in the hospital. He has been there for several months. I apologize for not contacting you earlier, but the family has been very busy caring for him.
    Please send me the outstanding bill for his rent and the payment details and I will pay it as soon as possible. He should be returning to the apartment in a couple of weeks, so I hope that he doesn't have to surrender his tenancy.
    Thanks very much for understanding.

Regards,
Alan Robinson

34. Why is Alan Robinson writing to Mr. Scott?
    (A) To tell him that his father will vacate the premises
    (B) To ask him to send his father the outstanding bill
    (C) To inform him that he hasn't received payment for the rent
    (D) To explain why his father couldn't pay the rent

35. What was the purpose of the notice?
    (A) To pursue payment of rent on a property
    (B) To order a lessee to vacate a property
    (C) To terminate an employment contract
    (D) To notify someone of his tenancy of the premises

36. How is the renter required to leave the premises?
    (A) By pursuing the law
    (B) By giving the door key to the landlord
    (C) By paying the agent the rent that's due
    (D) By locking the door

37. What will happen if the renter refuses to follow instructions?
    (A) The landlord will come to the property and dispose of its contents.
    (B) The landlord will call the proper authorities.
    (C) The landlord will get physical with the renter.
    (D) The landlord will remove the old paint from the walls.

38. What would Alan Robinson like Mr. Scott to do?
    (A) Allow his father to go back to the premises
    (B) Allow his father to pay the rent later
    (C) Allow his father to stay in the hospital longer
    (D) Allow his father to vacate the apartment

GO ON TO THE NEXT PAGE.

★★★ Questions 39-43 refer to the following manual and letter.

****

Manual of Employment Benefits for Veterans

State law requires that employment benefits be given to individuals that have served in the Armed Forces of the United States. The following manual is authorized by the United States Department of Defense.

A "veteran" refers to a person who served in the Armed Forces of the United States and has not been discharged under dishonorable conditions.

The following are eligible for benefits:
- a veteran who served during a period of war
- the spouse of a disabled veteran
- the surviving spouse or dependent of a veteran who died on as a result of service during wartime
- a veteran with a war-related disability

To claim benefits, all eligible veterans must fill out the Employment Benefits Form 6A and submit it to the agency below. The agency shall verify eligibility.

Employment Benefits for Veterans Bureau of Illinois
2778 Harding Way
Springfield, Ill. 83022

****

Employment Benefits for Veterans Bureau of Illinois
2778 Harding Way
Springfield, Ill. 83022

Dear Sir or Madam:

    I'm writing regarding your policy for veterans' benefits. I'm a veteran who received an injury during service and was honorably discharged as a result. Several months ago I filled out form 6A and sent it to your department, but I have yet to receive a response. I also filled out a form for my wife.

    I have heard that some veterans did not receive any benefits even though they are eligible for them. I hope that this is not the case. I have given you a lifetime of service. If there is a delay, I would like to know the cause.

    Please let me know as soon as possible when I can receive benefits.

Regards,
Charles Heinz

39. What happened to Mr. Heinz?
    (A) He got injured in the armed forces.
    (B) His benefits came late.
    (C) His benefits were sent to his wife.
    (D) He got a dishonorable discharge.

40. What is Mr. Heinz worried about?
    (A) Not being informed about a delay in his application
    (B) Not receiving benefits even though he is qualified
    (C) Giving a lifetime of service to the armed forces
    (D) Filling out duplicate forms for his wife

41. Who may be referred to as a veteran?
    (A) A person that has served in the Armed Forces and has been charged with treason
    (B) A person that has served in the Armed Forces and has been dishonorably discharged
    (C) A person that has served in the Armed Forces and has been favorably discharged
    (D) A person that has served in the Armed Forces and has been discharged for any reason

42. Who else is eligible for employment benefits?
    (A) Veterans that are gainfully employed
    (B) All relatives of disabled veterans
    (C) A veteran that has never served in the Armed Forces
    (D) The husband or wife of a veteran that was injured during a war

43. What will the agency do with a veteran's claim?
    (A) Check to see if it is legitimate
    (B) Verify that they have received it
    (C) Issue benefits without verification
    (D) Verify it with the veteran's spouse

GO ON TO THE NEXT PAGE

Questions 44-48 refer to the following warranty and letter.

Bags Unlimited Warranty
The Executive Briefcase
This 30-day warranty applies to leather briefcases (known as "The Executive Briefcase") bought directly from us. For the first 30 days after purchase of the briefcase, if for any reason you are not satisfied with the purchase or it has a defect that is not a result of abuse by the purchaser, then you may contact customer service at (634) 732-8299 to obtain an exchange or refund. When we receive the merchandise, we will refund the purchase price, less shipping and handling. Repair-based replacement may be indicated in some cases. This warranty does not apply to custom-made cases.

Bags Unlimited
3782 Harding Drive
Jamestown, PA

To Whom It May Concern,

   I purchased one of your leather briefcases a couple of weeks ago and just yesterday the strap broke. I was only able to use the briefcase a few times, so I don't think that this happened as a result of abuse or overuse by me. I have tried to contact your customer service department as indicated on your warranty, but haven't had any luck. No one ever answers, so I wonder if the number on the warranty is correct.

   I would like either an exchange or repairs made to the bag if possible. I'm sending it along with this letter, and have enclosed the warranty and the receipt. I'm very happy with your merchandise in general, and would love to get the bag back as soon as possible.

   Looking forward to your response.

Regards,
Stacy Brown

Enclosures

44. What is the purpose of this letter?
    (A) To let a company know that its merchandise is satisfactory
    (B) To ask for an exchange or repair-based replacement
    (C) To inform a company about a wrong number
    (D) To obtain a refund   Ⓐ Ⓑ Ⓒ Ⓓ

45. What was one problem Ms. Brown had?
    (A) She was accused of abusing and overusing her bag.
    (B) She didn't have the original receipt for the bag.
    (C) She couldn't reach the customer service department.
    (D) She couldn't use the bag from the moment she bought it.
                                    Ⓐ Ⓑ Ⓒ Ⓓ

46. What does the warranty apply to?
    (A) Cases over 30 days old
    (B) Cases that are custom-made
    (C) Cases that were purchased from the manufacturer
    (D) Cases that were abused by the purchaser
                                    Ⓐ Ⓑ Ⓒ Ⓓ

47. Under what conditions may a customer claim the warranty?
    (A) If he is not happy with the merchandise before 30 days
    (B) If he has destroyed the product within 30 days
    (C) If he has bought more than one case
    (D) If he has waited out the 30-day period
                                    Ⓐ Ⓑ Ⓒ Ⓓ

48. What will the company do about shipping and handling charges?
    (A) They will add them to the refund.
    (B) They will take them out of the refund money.
    (C) They will ignore them.
    (D) They will ask another company to pay them.
                                    Ⓐ Ⓑ Ⓒ Ⓓ

お疲れさまでした

模擬テスト4＞正解と解説

Questions 1-3

1. 正解：(C)
▶冒頭文にa prominent business development firmという説明がある。business developmentの字義通りの意味は「事業（企業）の発展」。人を育成するわけではないので、(B)は誤りで、(C)が正解。この個所の記述から、(A)や(D)を類推することはできない。

2. 正解：(B)
▶このポストの利点と思われるものを問題文から拾っていくと、Not necessary to relocate.（転勤の必要がない）、Commissions and comprehensive benefits provided.（歩合給と包括的な諸手当が受けられる）、Time-and-a-half for overtime.（超過勤務手当は通常の1.5倍）。選択肢で合致するのは(B)のみ。senior managementは顧客の例として示されていて、昇格の対象ではない。(C)は不適切である。

3. 正解：(D)
▶前問でも触れた、Time-and-a-half for overtime.（超過勤務手当は通常の1.5倍）を参照。(D)が正解。

● 訳　設問1～3は次の求人広告に関するものです。

ビジネス・アナリスト

　卓越したビジネス開発会社であるグローバル・ビジネス・アソシエーツが、経験豊富でプロ意識の高いビジネス・アナリストを募集します。これは高度な職務であり、事業主として10年以上の経験が求められます。適格な応募者の条件として、高度な分析能力とともに、熟達したコミュニケーション能力が必要です。転勤の必要はありません。当社のサービスを事業主や上級管理職に販売するため、豊富な販売キャリアが求められます。歩合給および包括的な諸手当を支給。超過勤務手当は1.5倍です。関心のある方は、履歴書をGBAまで送付してください。
　ファクシミリ：(707) 456-9404
　メール：recruit@bpa.com

設問・選択肢訳

1. GBAはどんな種類の会社ですか。
 (A) メディア・通信会社
 (B) 卓越したビジネスパーソンを育成する会社
 (C) 企業の成長を支援する会社
 (D) 法律上のアドバイスを提供する会社

2. このポストの利点の1つは何ですか。
 (A) その人は上手に販売することができる。
 (B) その人は転勤となることがない。
 (C) その人は上級管理職になれる。
 (D) その人は事業主として10年の経験を積むことができる。

3. その人は超過勤務をすれば何を受け取れますか。
 (A) 歩合給
 (B) 包括的な手当
 (C) 2倍の時間給と半分の歩合給
 (D) 時間給の1.5倍

ボキャブラリー

- ☐ **prominent** 形有名な；卓越した
- ☐ **business owner** 事業主
- ☐ **candidate** 名応募者；候補者
- ☐ **analytical** 形分析の；分析的な
- ☐ **relocate** 動転勤する（させる）；配置転換させる
- ☐ **senior management** 上級管理職
- ☐ **commission** 名歩合給
- ☐ **comprehensive** 形包括的な；総合的な
- ☐ **time-and-a-half** 名時間外労働が5割増支給されること
- ☐ **transfer** 動配置転換する；異動させる
- ☐ **hourly wage** 時間給

Questions 4-5

4. 正解：(C)
▶ 説明文の第3文にWe are required by law to make this information available to all stockholders.とあることから、この情報を受けるのは「Hart Inc.のall stockholders（全株主）」であることが理解できる。(C)が正しい。第1文にあるtop executives at Hart Inc.は、この報酬一覧表の調査対象者である。したがって、(A)、(B)、(D)はいずれも不適切。

5. 正解：(A)
▶ 表項目のOtherはOther compensationのcompensationが自明のため略されたものと考えられる。この項目を見ていけば、アンナ・クロービス上級副社長が5830ドルで最高額である。

● 訳

設問4～5は次の表に関するものです。

報酬一覧

次の表は、ハート社の経営陣が取得した給与所得を示すものである。リストにある個人は、営業年度末まで経営責任者として業務を行った。当社は法律に基づき、この情報を全株主に開示することが求められている。

氏名および役職	給与	賞与	報奨金	その他
トーマス・ギルバート 最高経営責任者	475,000	900,000	2,400,000	2,570
アンナ・クロービス 上級副社長	450,000	560,000	100,000	5,830
リンダ・P・グリーン 最高財務責任者	425,000	510,000	350,000	3,500
ロバート・ハリス 最高販売責任者	400,000	490,000	70,000	1,200
マック・ノートン 最高執行責任者	375,000	445,000	160,000	4,800

（米ドル）

401(k)企業年金制度への会社負担は含まれていない。

設問・選択肢訳

4. この表はだれに向けたものですか。
  (A) この会社の最高経営幹部
  (B) この会社の最高執行責任者
  (C) この会社の株主
  (D) 経営陣

5. その他給付ではだれが最高額を受け取りましたか。
  (A) アンナ・クロービス
  (B) トーマス・ギルバート
  (C) ロバート・ハリス
  (D) リンダ・P・グリーン

● ボキャブラリー

- ☐ **compensation** 名報酬
- ☐ **fiscal year** 営業年度
- ☐ stockholder 名株主
- ☐ awards 名報奨金
- ☐ **Chief Executive Officer (CEO)** 最高経営責任者
- ☐ **Chief Financial Officer (CFO)** 最高財務責任者
- ☐ **Chief Operating Officer (COO)** 最高執行責任者
- ☐ 401(k) 名401(k)企業年金制度(確定拠出型でポータブルという特徴がある。401(k)は米国の内国歳入法 [Internal Revenue Code] 401条k項を根拠とするため)

COLUMN 20 ▶ 役職

- ☐ board member 取締役;役員
- ☐ operating officer 執行役員
- ☐ controller 名経理部長
- ☐ auditor 名監査役;監査人
- ☐ chairman / chairperson 名会長
- ☐ president 名社長
- ☐ supervisor 名管理者;管理職
- ☐ superior 名上司 ☐ subordinate 名部下
- ☐ report to ~に直属する;~に報告義務のある
- ☐ promotion 名昇格 ◆demotion 名降格
- ☐ discriminate 動差別する ◆discrimination 名差別
- ☐ in charge of ~を担当して
- ☐ colleague 名同僚
- ☐ relocate 動配置転換する;転勤させる(する)

Questions 6-7

6. 正解：(D)
▶ 設問のa portion of his salaryが、問題文中では本文の第1パラグラフ第3文にあるwage lossで表現されている。この第3文は「賃金の喪失を請求する場合には、別紙を添付してください」という意味。a separate sheetをa different piece of paperにパラフレーズした(D)が正解。

7. 正解：(C)
▶ benefitsは項目7に列挙されている。Compensation for permanent injury（永久損傷補償）、Payment of medical bills（医療費の支払い）、Extra compensation for wrongful injury（不当な傷害への特別補償）、Payment for death or injury to spouse（配偶者の死亡または傷害への給付）。(C)はspouseがa wife or husbandに言い換えられているが、これのみが問題文の項目に合致する。

● 訳

設問6〜7は次の書式に関するものです。

事故による医療給付請求書式

*医療記録を本請求とともに提出しなければならないことにご注意ください。

　申請者がすでに雇用主または保険会社から給付を受けている場合にも、州に請求をしなければなりません。すべての質問に回答してください。賃金の喪失について請求を行う場合には、別紙を添付してください。

　この書式に記入し終えたら、あなたの請求を迅速に審査できるように、所定の封筒に入れて当方に送付してください。また、記入済みの書式のコピーを雇用主に送付する必要があります。

1. この事故の補償金を受け取りましたか。
2. あなたの雇用主の従業員補償を担当する保険業者を記入してください。
3. 事故の日付：
4. 事故の発生場所：
5. 事故はどのように発生しましたか。
6. 傷の内容：
7. どの給付を要請しますか。
　　___永久損傷補償
　　___医療費の支払い
　　___不法な傷害への特別補償
　　___配偶者の死亡または傷害への給付

署名：_____　日付：_____

設問・選択肢訳

6. 給与の一部を失った請求者は何をすべきですか。
   (A) その機関に電話をする
   (B) 別の書式に記入する
   (C) そのことをこの申請書に書く
   (D) 別紙を添付する

7. 人が請求できる給付の1つは何ですか。
   (A) 永久雇用の補償
   (B) 雇用主への支払い
   (C) 妻または夫をなくしたことへの補償
   (D) 解雇されたことへの補償

●ボキャブラリー

- **note that**　〜に注目する；〜に注意する
- **file**　動申請する；提出する
- employer　名雇用主
- separate sheet　別紙
- insurance carrier　保険業者
- permanent injury　永久損傷
- **spouse**　名配偶者
- **portion**　名部分
- **fill out**　記入する；書き込む
- **insurer**　名保険業者
- **process**　動審査する
- **claimant**　名請求者

Questions 8-10

8. 正解：(B)

▶いすの特徴は第2文以降に列挙されている。(A)は記述がない。(B)のdurable（耐久性のある）は問題文中のsturdy（丈夫な）に対応しているので、これが正解である。問題文中にはattractiveという形容詞があるが、これはいすを修飾するもので、armrests（肘掛け）がattractiveとは書かれていない。(C)は誤り。保証はlimited warrantyなので、(D)も不適切。

9. 正解：(C)

▶高価ないすの記述は、The more expensive ones have great lumbar support. They have nine years left on a 12-year limited warranty.という2文で説明されている。lumbar supportは業界用語としてはカタカナ英語として通用するが、「腰や脊椎を快適に支える装置」のことである。(C)が正しい。(D)のリクライニングは無関係。

10. 正解：(B)

▶後半にある、We tack any shipping/handling costs onto the price of the chair.を参照。tack ... onto ~は「…を~に付加する」という意味。したがって、(B)の「彼はそれらを販売価格に上乗せする」が正解。

● 訳

設問8〜10は次の分類広告に関するものです。

閉社セール

　当社はこのほど閉鎖することになりましたので、当社の役員用のいすを販売いたします。全部で20脚あり、美しく快適、丈夫ないすです。どのいすも現代的で洗練されたデザインです。スタイルはさまざまで、多くの選択肢があります。いくつかは肘掛けがありません。これらのいすは調整が可能で、うち5脚にはリクライニング機能があります。高価なものは快適なランバー（腰椎）サポートが付いています。これらは12年間の期間限定保証付きで、保証期間は9年間残っています。地元でしたら、48時間以内に配送いたします。いすの価格に配送費・手数料を加えさせていただきます。価格はそれぞれのいすの状態により異なります。さらに詳しい情報をお知りになりたい場合には、228-7712のダグまでお電話ください。

設問・選択肢訳

8. 売りに出ているいすの特徴の1つはどれですか。
 (A) それらは軽量である。
 (B) それらは耐久性がある。
 (C) それらはみな美しい肘掛けが付いている。
 (D) それらには無限保証が付いている。

9. 高価ないすの特徴は何ですか。
 (A) それらは脚を支える。
 (B) それらは特殊な木材で作られている。
 (C) それらは腰に苦痛を与えない。
 (D) それらはリクライニングする。

10. 売り手は配送費について何をしますか。
 (A) 彼はそれらを放棄する。
 (B) 彼はそれらを販売価格に上乗せする。
 (C) 彼はそれらを販売価格から差し引く。
 (D) 彼は買い手のクレジットカードに課金する。

● ボキャブラリー
- ☐ sturdy 形丈夫な；頑健な；不屈の
- ☐ armrest 名肘掛け
- ☐ lumbar support ランバー・サポート；腰椎サポート
- ☐ tack ... onto～ …を～に付加する
- ☐ lightweight 形軽量の
- ☐ **durable** 形耐久性がある；丈夫な
- ☐ back pain 腰痛
- ☐ lean back もたれかかる；悠長に構える
- ☐ **waive** 動（権利などを）放棄する；（規則適用を）撤回する
- ☐ **subtract ... from～** ～から…を差し引く

Questions 11-12

11. 正解：(A)
▶ 1と2を正確に読みとり、選択肢と照合していくしかない。1の「関税の支払い」は要約すると次のようになる。「到着した商品には関税および／または税金の支払いが発生し、これには例外がない」、「支払い後、商品は輸入者に渡され、販売や輸出が可能」、「輸入商品は、税金支払い時の申告内容と同じ状態であることが必要」。2の「保税輸入（TIB）」は無税輸入を認める特例措置と理解すべき。したがって、1の3項目を選択肢と照合すればいいことになる。(A)が第1項目に近いので、これを選ぶ。

12. 正解：(D)
▶ 2の「保税輸入（TIB）」のSamples that are used for taking orders for merchandise and not for sale are eligible for importation without the payment of duty.の文を正確に読みとればいい。「商品の注文を取るために使われ、（それ自体が）販売対象ではないサンプル」が無税輸入の対象になるということ。(D)が最適。(B)のfor filling ordersは「注文に応じるため」という意味で、これでは「販売用」になってしまう。

● 訳

設問11〜12は次の情報に関するものです。

商品または見本を携行するビジネス旅行者へのお知らせ

　商品を米国に持ち込んだり米国から持ち出すためには、ビジネス旅行者が従わなければならないいくつかの関税規則がある。

1. 関税の支払い
　　到着する商品にかかる関税および／または税金を送金しなければならない。これには例外はない。
　　支払い後に、商品は税関から輸入者に渡され、これによって商品の売却または輸出が許される。
　　輸入された商品は、当初の関税支払い時に申告したものと同一の状態でなければならない。
2. 保税輸入（TIB）
　　商品の注文を取るために利用されるもので、販売目的のない見本は関税の支払いをすることなく輸入することが認められる。これは保税輸入（TIB）として知られる。

設問・選択肢訳

11. ビジネス旅行者が順守しなければならない関税法規は何ですか。
　(A) 彼らは料金を支払わなければならない。
　(B) 彼らは商品を輸入者に渡さなければならない。
　(C) 彼らは商品を販売ないしは輸出しなければならない。
　(D) 彼らはその業務を繰り返さなければならない。

12. どのような状況下で、商品の関税は免除されますか。
　(A) 旅行者が保証債を買うとき
　(B) 商品が注文に応じるためのものであるとき
　(C) 商品が販売用のものであるとき
　(D) 商品が販売用のものでないとき

ボキャブラリー

- ☐ **merchandise** 名商品
- ☐ **customs** 名（複数で）関税；税関
- ☐ **duty** 名関税
- ☐ **exception** 名例外
- ☐ **release** 動離す；解放する；譲渡する
- ☐ **importer** 名輸入（業）者
- ☐ **declare** 動申告する
- ☐ **Temporary Importation Under Bond (TIB)** 保税輸入（保証金［ボンド］を預託することによって関税の免除が受けられる米国の通関制度）
- ☐ **eligible** 形資格のある
- ☐ **observe** 動順守する
- ☐ **reiterate** 動繰り返す
- ☐ **fill orders** 注文に応じる

COLUMN 21 ▶ 旅行

- ☐ aisle seat （旅客機などの）通路側の座席
- ☐ baggage claim （空港などの）手荷物受取所
- ☐ carousel 名（手荷物受取所の）回転式コンベア
- ☐ turbulence 名（飛行機の）揺れ
- ☐ refreshment / snack 名軽食
- ☐ jet lag 時差ぼけ
- ☐ embarkation card 出国カード
- ☐ disembarkation card 入国カード
- ☐ lost and found 遺失物取扱所
- ☐ quarantine 名検疫
- ☐ itinerary 名旅行計画；旅程表
- ☐ destination 名目的地
- ☐ accommodation 名宿泊施設
- ☐ expatriate / expat 名形海外駐在員（の）；国外居住者（の）

Questions 13-15

13. 正解：(C)
▶ 本文冒頭にThis is to ...（これは…のためである）とあるので、to以下にこのメッセージの目的が書かれていると予測できる。inform you that your domain, standardin.com, will expire on July 30（御社のドメインstandardin.comが失効することを知らせる）ことがその目的である。your domainとは、次にstandardin.comと記されているように、ホームページのサイト名である。したがって、domainをsite nameに言い換えて、「そのサイト名がもうすぐ終了することを知らせる」としている(C)が正解となる。

14. 正解：(B)
▶ 設問のextra serviceとは、本文第3文にあるseveral options to choose fromを指すと理解しよう。optionsの内容は第4文以降に書かれている。各選択肢を第4文以降の内容と照合していくと、(A)と(C)については記述がなされていない。また、(D)にあるような「いくつかのドメイン名」の料金についても言及されていない。(B)の内容は、You may choose to renew your domain for one, two or five years.と、これに続く2文で説明されている。

15. 正解：(A)
▶ 本文の最後から2番目の文、Should you choose to change or cancel your domain, please use our online form.を参照。ドメインを取り消す場合には、use our online form（オンライン書式を使う[に記入する]）必要があることが分かる。(A)が正しい。

● 訳

設問13～15は次の電子メール・メッセージに関するものです。

件名：ドメインの更新
受信者：スタンダード・インダストリーズ　<info@standardin.com>
発信者：ドメインズ・アンリミテッド　service@domains.com

お客様
　7月30日で、御社のドメインstandardin.comが失効することをお知らせいたします。できるかぎり早くこちらのリンクをクリックして、ドメインを更新していただけるようお願いいたします。私共のオンライン更新書式にアクセスいただいた場合、いくつかのオプションから選択が可能です。ドメインは、1年間、2年間、5年間の期間で更新をお選びいただけます。料金は1年80ドル、2年150ドル、5年300ドルです。ご都合に合わせて分割払い方式もご利用いただけます。ドメインの変更・取り消しを選ぶ場合にも、当社のオンライン書式をご利用ください。御社のドメイン変更には25ドルの追加料金が必要です。

設問・選択肢訳

13. このメッセージの目的は何ですか。
  (A) スタンダード・インダストリーズにオンライン書式の使用を求めること
  (B) スタンダード・インダストリーズに信用取引が失効することを知らせること
  (C) スタンダード・インダストリーズにそのサイト名がもうすぐ終了することを知らせること
  (D) スタンダード・インダストリーズにそのドメインを変更することを気づかせること

14. ドメインズ・アンリミテッドはどんな追加サービスを提供していますか。
  (A) 顧客のサイトのためにオンライン書式を作成すること
  (B) ドメイン更新の支払いプラン
  (C) 無料のインターネット・サービスの設置
  (D) 追加料金が発生しないいくつかのドメイン名

15. ドメインを取り消したい会社は何をしなければなりませんか。
  (A) ドメインズ・アンリミテッドのオンライン書式に記入する
  (B) 25ドルの追加料金を支払う
  (C) 分割で支払う
  (D) 新しいソフトウエアをインストールする

▼
敬具
クリス・フラハティー
ドメインズ・アンリミテッド

ボキャブラリー

- **domain** 名ドメイン（インターネット・サイトのアドレス文字列にある各階層・国名を表すもの）；領域
- **renewal** 名更新
- **expire** 動有効期限が切れる
- **option** 名選択肢
- payment installment 分割払い（の）
- **site** 名インターネット・サイト；場所；位置
- **terminate** 動終了する
- installation 名設置

Questions 16-18

16. 正解：(D)
▶ Dental Coverage Inc.という社名のcoverage（保証範囲）からも推測できるが、中程にあるOur premium plan, Dental Cover Gold, offers savings of 70 percent on dental care, specialist care coverage for braces or gum surgery and free cleanings!から、(D)の「歯科保険」の広告であると理解できる。キャッチコピーのAffordable Dental Careから(B)を、第2文のwe have networked with over 100,000 dentists across the countryの部分から(C)を選ばないように注意したい。

17. 正解：(A)
▶ 後半にあるSign up for our plan today, and we'll include an extra four months of coverage free of charge.に注目。todayとは「今すぐ」とほぼ同義。an extra four months of coverage free of chargeから、「無料適用期間が4カ月分付加される」ことが分かる。(A)が正解。

18. 正解：(D)
▶ 最終文にCall Dental Coverage now to get your free estimate at 375-8499-0044.とある。デンタル・カバリッジに電話をすれば、「無料で見積もりを受けられる」ことが理解できる。見積もりの対象はそれまでの文脈から、この会社が提供するplan、すなわち歯科保険である。したがって、無料の見積もりとはなっていても、「歯列矯正」とする(C)は誤答。freeは略されているが、(D)以外に適切な選択肢はない。

● 訳
設問16～18は次の広告に関するものです。

お手頃な価格の歯科治療が必要ではありませんか

　私共デンタル・カバリッジ社は適用範囲が優れた良質の歯科プランがなかなか見つからないことを承知しております。そこで、当社は全国の10万人を超える歯科医と提携して、お客様とご家族のための究極の歯科プランを作り上げました。当社の高級プランであるデンタル・カバー・ゴールドは、歯科治療費の70パーセント節約、歯列矯正や歯茎手術の専門医治療、無料の清掃措置を提供いたします！　今日にも当社のプランにご契約いただけましたら、無料適用期間を4カ月分お付けいたします。デンタル・カバー・ゴールドは経済的でもあります。保険料金の最低年額は500ドルです。375-8499-0044のデンタル・カバリッジ社に今すぐお電話いただければ、無料でお見積もりをいたします。

設問・選択肢訳

16. この広告は何のためのものですか。
(A) 歯茎手術の専門医
(B) 歯科治療
(C) 歯科医のネットワーク
(D) 歯科保険

17. このプランにすぐに契約する人は何を受けることができますか。
(A) 数カ月の保険が無料になる
(B) 4カ月間にわたり歯列にはめる歯列矯正器
(C) 無料の歯茎手術と清掃措置
(D) 彼らの歯ブラシの無料カバー

18. この会社に電話をする人は何を受け取りますか。
(A) 無料の清掃措置
(B) 必要とされる歯茎手術料金の見積もり
(C) 歯科列正の無料見積もり
(D) このプランの費用計算

● ボキャブラリー
- **affordable** 形 価格が手頃な
- **come up with** 〜を考案する；〜を思いつく
- **ultimate** 形 究極の；最高の
- **premium** 形 高級な；割り増しの
- **braces** 名（複数で）歯列矯正（器）
- **gum surgery** 歯茎の手術
- **sign up for** 〜に申し込む；〜の契約をする
- **economical** 形 経済的な；節約になる

Questions 19-22

19. 正解：(B)
▶第1・第2パラグラフから、「投資家が携帯電話業界を不安視しており、株が下落し続けている」ことが読みとれる。投げ売りする主体はinvestorsなので、(A)は誤りで、(B)が正しい。(C)は問題文の記述の逆。また、最終パラグラフから嵐が過ぎ去るのを待つのはinvestorsであり携帯電話会社ではないので、(D)も不適。

20. 正解：(D)
▶第2パラグラフのTo make matters worse, the stocks in the sector that escaped the worst of the tech sell-off last year have been plummeting lately.から、昨年の大量売りを脱したものの、最近また急落していることが読みとれる。(D)が正解。

21. 正解：(C)
▶cellular phone-related companies（携帯電話関連会社）とは、問題文中のParts, mold and chip manufacturers in the sector（その［携帯電話の］業界の部品・金型・チップ製造会社）に対応することを理解しなければならない。Parts, mold and chip manufacturers in the sector have also been hit hard as investors dump shares in related companies.から、投資家はこれら企業の株も売却していることが読みとれる。(C)が正しい。

22. 正解：(B)
▶アナリストのアドバイスは最終パラグラフを参照。... so investors are advised to wait out the storm.→「嵐が過ぎ去るのを待つ」というアドバイスである。このthe stormはもちろん比喩的な表現で、文脈から「株が低迷している（売られている）間待つ」ということ。言い換えれば、この先さらに安くなったところで買うという意味になるので、(B)が最適。(A)では、文字通り「嵐の間、避難する」の意味になってしまう。

● 設問19〜22は次のリポートに関するものです。
訳

スペシャル・リポート：

　調査によれば、投資家は携帯電話産業を避けるのが賢明だ。
　投資家は最近、ますますワイヤレス通信分野に懸念を強めている。業界上位5社の株価は下落の一途をたどっている。さらに悪いことに、昨年のハイテク株大量売りからいったんは脱却した業界の株価は、最近また急落している。この業界の株価指数はすでに40パーセントも下落している。
　同業界の部品・金型・チップ製造業者も、投資家が関連会社の株を投げ売りしているため、深刻な打撃を被っている。このため、チップメーカー大手、テレコアの第4四半期の収益は惨憺たる結果となった。
　アナリストはこの業界の株価はまだ底割れしていないと予測し、投資家に嵐が去るまで待つように勧めている。

設問・選択肢訳

19. 携帯電話会社に何が起こっていますか。
  (A) それらは自社製品を投げ売りしている。
  (B) それらの株式は投げ売りされている。
  (C) 投資家はハイテク業界の株式に買いを入れている。
  (D) アナリストはそれらに嵐が過ぎ去るまで待つように勧めている。

20. 昨年のハイテク株大量売りを脱した株価に何が起こっていますか。
  (A) それらは40パーセントも上昇した。
  (B) それらは40パーセントを投資家に売っている。
  (C) それらは今年の投げ売りの最悪期を脱しようとしている。
  (D) それらは急落している。

21. 投資家は携帯電話関連会社をどうしていますか。
  (A) その会社から部品、金型、チップを買っている
  (B) テレコアから購入した彼らのチップをその会社に売っている
  (C) その会社の彼らの株式を売っている
  (D) その会社の在庫を買い上げている

22. アナリストは投資家に何をするよう言っていますか。
  (A) 嵐の間、避難する
  (B) 株式を安く買えるまで待つ
  (C) 今、安いうちに株式を買う
  (D) すぐに彼らの株式を売却する

●ボキャブラリー
- **avoid** 動避ける
- **cellular phone** 携帯電話
- **be weary of** 〜にうんざりした；〜に我慢できない
- **downward spiral** 大幅下落；下方スパイラル
- **to make matters worse** さらに悪いことには
- sell-off 名大量売り
- **plummet** 動急落する
- **plunge** 動急落する
- **mold** 名金型
- dump 動投げ売りする
- **dismal** 形暗い；憂うつな
- wait out 〜が過ぎ去るのを待つ
- take shelter 避難する

Questions 23-24

23. 正解：(D)

▶ 冒頭の説明文中に、Due to the high job turnover rate in the educational sector, the state conducted the following survey in order to assess the level of job satisfactions of educators. とある。due toの目的語がこのsurvey（＝questionnaire）の「理由」で、in order to以下が「目的」と理解できる。ここは理由を尋ねているので、due to以下、すなわち「教育部門の高い離職率（job turnover）」が、この調査をするに至った理由ということである。(D)が正解。

24. 正解：(A)

▶ 最後の説明文を参照。The state advised university officials to improve working conditions in order to keep staff on a long-term basis. とあることから、「大学当局者」に求められているのは、「職員の長期間の就労を確保するため、労働条件を改善する」こと。(A)が最適。(D)のようにuniversity officials自身の労働条件の改善ではないことに注意。

● 訳

設問23～24は次のアンケートに関するものです。

高等教育部門の職員の業務満足度アンケート結果

　教育部門は離職率が高いため、州政府は教育者の業務満足度を評価する目的で以下の調査を行いました。州全体で3千人の教育者が回答を求められました。

1. 雇用主は大学ですか。
   はい　85％　　　　　いいえ　15%

2. 正職員とパートタイムのどちらですか。
   正職員　96.5%　　　パートタイム　3.5%

3. 通常、1週間に何時間働きますか。
   20時間未満　　　　0%　　　20時間～40時間　　9.3%
   40時間　　　　　64.4%　　40時間～60時間　　18.7%
   60時間～80時間　　7.6%

4. どの科目を教えていますか。
   言語科目　　　16.4%　　　人文科学　　　9.4%
   数学　　　　　23.9%　　　芸術　　　　12.9%
   科学　　　　　　5.5%　　　その他　　　31.9%

5. 自分の仕事に満足していますか。
   はい　　　　　　11.9%　　　ある程度　　80.8%
   どちらとも言えない　7.3%　　　いいえ　　　　0%

設問・選択肢訳

23. このアンケートが行われた理由は何ですか。
 (A) 教育者がどれくらいの頻度で昇格するかを知るため
 (B) 教育者が彼らの教育にどれくらい不満なのかを知るため
 (C) 教育者が彼らのポストになぜ満足しているかを知るため
 (D) 教育者がなぜ頻繁に転職するかを知るため

24. 大学当局者は何をするよう求められましたか。
 (A) 職員の扱いを良くすること
 (B) 職員に働くためのいくつかの条件を与えること
 (C) 職員調査の結果を保管すること
 (D) 自らの労働条件を改善すること

▼

6. 仕事によるストレスはありますか。
  はい 28.9%   ある程度 60.2%
  どちらとも言えない 8.9%   全くない 2.0%

7.（該当者のみ）満足度に関する質問について、自分の仕事に不満足な理由を示してください。
  ・十分な休暇が取れない 7.7%
  ・健康保険給付が得られない 15.9%
  ・給与が低すぎる 64.4%
  ・同僚との折り合いが悪い 12.0%

　州政府は、職員の長期間の就労を確保するため、大学当局者に業務状況の改善を勧告しました。

● ボキャブラリー

- ☐ higher education　高等（大学・大学院）教育
- ☐ **turnover**　名 離職
- ☐ typically　副 一般的に；典型的に
- ☐ language arts　言語科目；国語
- ☐ humanities　名 人文科学；文化系
- ☐ **applicable**　形 該当する；適用できる
- ☐ **with regard to**　～に関して
- ☐ wage　名 賃金
- ☐ **get along with**　～と相性がいい；～と仲良く付き合う
- ☐ coworker　名 同僚
- ☐ switch jobs　転職する

Questions 25-28

25. 正解：(C)

▶ 第1パラグラフ第2文に、People are not completely convinced about AI because they have had no definitive demonstration of its intelligence.と書かれている。ここから、「その知能を明確に見せられなかったため」人はAIに懐疑的であることが理解できる。have had no definitive demonstrationをhaven't seen convincing evidenceとパラフレーズした(C)が正解。(D)では、懐疑的な理由の説明にならない。

26. 正解：(B)

▶ 設問にあるdetermine if a machine was intelligentの類似表現は、第2パラグラフの後半に出てくる（decide if a machine is intelligent or not)。これに続く、He decided that if a machine was able to fool people into thinking it was human, it must be intelligent.に注目。fool ... into ~ は「だまして…に~させる」という意味。つまり、「機械が人間的であることを人に信じさせる」ことが、機械が知性を持つと判断できる条件である。したがって、「それが人間らしくふるまえるかどうかによって」とする(B)が最適である。なお、fool people into thinkingは、1語でパラフレーズすればconvincingly（もっともらしく）と言える。

27. 正解：(C)

▶ 第3パラグラフの意味を正確に理解できるかどうかがポイント。「過去には機械は複雑な仕事を処理できなかった」(同パラグラフ第2文) が、「現在は、コンピュータは難しい仕事を学びながら処理する」（第3文）とあり、過去と現在が対比されている。can handle difficult tasks as well as learnをmay indeed be intelligentにパラフレーズした(C)が正解。なお、ここではmachinesとcomputersは同義の言葉として使われている。

28. 正解：(D)

▶ 最終パラグラフの第1文に注目。AIは「さらに進歩して、われわれの世界に新しい無限の機会を提供する」一方で、「悪用されれば脅威をもたらす」という2面的な可能性が指摘されていることを理解する。(A)のposeは「ポーズを取る；装って見せる」という意味で、問題文中に記述がない。AIが「人を警戒するようになる」という記述もないので、(B)も誤り。be optimisticの主体は、問題文では「人」なので、(C)も不適。(D)の「それは悪用される可能性がある」だけが、上記の問題文の記述と合致する。

● 訳　設問25~28は次の記事に関するものです。

　人工知能（AIとして知られる）というアイデアは、長らく実現不可能と思われてきた。人々はその知能をはっきりと目の当たりにしなかったため、AIについて確信を持つには至らなかったのである。ところが実際には、AIは一般大衆が知らない数

▼

設問・選択肢訳

25. 人々はなぜAIに懐疑的なのですか。
(A) 彼らはその必要がなかったから。
(B) 彼らはコンピュータが使えないと信じているから。
(C) 彼らはその明確な証拠を見ていなかったから。
(D) 彼らはそれが数多くの技術的進歩を遂げるのを見てきたから。

26. チューリングはどのようにして機械が知性を持っているかどうかを判断しましたか。
(A) それが人と話せるかどうかによって
(B) それが人間らしくふるまえるかどうかによって
(C) それがばかなまねをできるかどうかによって
(D) それがコンピュータのプログラミングをできるかどうかによって

27. 今日、何が信じられていますか。
(A) 一般大衆がAIを変えられること
(B) コンピュータが複雑な仕事を処理できないこと
(C) 機械が本当に知的になるかもしれないこと
(D) 機械が知的になりえないこと

28. 将来、AIには何が起こる可能性がありますか。
(A) それはポーズを取ることを覚える可能性がある。
(B) それは人を警戒するようになる可能性がある。
(C) それは楽観的になる可能性がある。
(D) それは悪用される可能性がある。

▼

多くの進歩を遂げており、知能についてのわれわれの見方を確実に変えることになるだろう。

　AIの研究は第2次大戦直後に始まった。1947年に、アラン・チューリングという英国の数学者が、単に機械を作ることによってではなく、コンピュータ・プログラムを通して、AIを研究するというアイデアを最初に思いついた。以来、このテーマにかかわる多くの研究者たちがコンピュータのプログラミングによって研究を行った。チューリングはまた1950年に、機械が知性を持つかどうかを判断する方法を紹介した論文を書いた。彼は、機械が人間的であると人に信じさせることができればその機械は知性を持っているに違いないと判断した。

　機械は知能を持ちえないという考えも今や消えようとしている。これまで機械は複雑な作業を処理することができなかった。しかし、現在、コンピュータは難しい仕事を学びながら処理する。

　AIはさらに技術的な進歩を遂げ、われわれの世界を新しい無限の機会に向かって開くことになるだろう。しかし、誤った使い方をすれば、それは脅威をもたらしうる。われわれはAIのある未来に楽天的であると同時に、慎重でもあるべきだ。

ボキャブラリー

- [ ] artificial intelligence (AI)　人工知能
- [ ] definitive　形明確な
- [ ] advance　名進歩
- [ ] general public　一般大衆
- [ ] merely　副単に；ただ
- [ ] notion　名考え；概念
- [ ] open up ... to ～　…を～に開く（利用できるようにする）
- [ ] in the wrong hands　悪用されれば
- [ ] skeptical　形懐疑的な
- [ ] convincing　形確信させる
- [ ] convincingly　副もっともらしく
- [ ] misuse　動誤用する；悪用する

COLUMN 22 ▶ テクノロジー

- [ ] viable　形実現可能な；成長しうる
- [ ] innovation　名新機軸；革新
- [ ] breakthrough　名技術革新；大発見；現状打破
- [ ] pave the way for　～のための道を開く；～の地固めをする
- [ ] gadget　名真新しい道具；気の利いた機器
- [ ] advent　名出現；到来
- [ ] gauge　動計測する
- [ ] quadruple　動4倍にする　◆quintuple　動5倍にする
- [ ] particle　名粒子；小片
- [ ] radiation　名放射；放射線
- [ ] genetic　形遺伝の　◆gene　名遺伝子　chromosome　名染色体

COLUMN 23 ▶ お金

- [ ] savings account　普通預金口座
- [ ] checking account　当座預金口座
- [ ] time deposit　定期預金
- [ ] monthly statement　月次利用明細書
- [ ] withdraw　動（預金を）引き出す　◆deposit　動預ける
- [ ] currency　名通貨
- [ ] exchange rate　為替レート
- [ ] appreciate　動（為替レートが）上がる　◆depreciate　動下がる
- [ ] denomination　名額面金額
- [ ] bill　名紙幣；請求書　◆watermark　名すかし
- [ ] money order　郵便為替
- [ ] wire transfer / telegraphic transfer　電信送金

Questions 29-33

29. 正解：(D)
▶「手紙」の本文冒頭に注目。I am writing to inquire about a $50 charge on my statement. I believe there is a discrepancy. とあり、この銀行の処理にdiscrepancy（手違い）があったことが理解できる。手違いの内容は後続の文で説明されている。Tone Music Shopからのクレジットカードでの購入代金が30ドルだったのに、明細には50ドルの記載があったということ。したがって、(D)が最適である。

30. 正解：(C)
▶「手紙」の第2パラグラフにI hope you will realize this error and credit my account for $20. I would also like you to send me a revised statement. と書かれている。Lindinさんはこの銀行に「この手違いを認める」、「口座に20ドルを払い戻す」、「訂正した明細書を送る」の3つを求めている。このうち2つを組み込んだ(C)の「差額を支払ってもらい、新しい明細書を送ってもらう」が正解である。

31. 正解：(B)
▶「明細書」を見ると、冒頭のCredit Card Statementが5/30となっていることから、この明細書の日付は5月30日で、最後のほうにPayment will be withdrawn from account number 0093478 on 6/10とあることから、6月10日にこの明細書の金額が口座から引き落とされる→銀行に支払われることが分かる。5月11日は前回の引き落としの日付である。

32. 正解：(B)
▶「手紙」の第3パラグラフにEnclosed you will find my receipt and the credit card statement that has the error. とある。ここからリンディンさんがバスコープ銀行に送ったものが「領収書」と「クレジットカード明細書」であることが分かる。

33. 正解：(B)
▶「明細書」のPayee（受取人）の各項目を見ると、City GrocersからAladino's Restaurantまではリンディンさんがクレジットカードで支払いをした項目である。Service chargeの25ドルは銀行の手数料なので、これが設問のthe bank's extra feeに対応する。正解は(B)である。

● 訳

設問29〜33は次の明細書と手紙に関するものです。

[①明細書]
バスコープ銀行　　　　　　　　　　　　　クレジットカード明細書
　　　　　　　　　　　　　　　　　　　　　　　　5月30日

ロバート・リンディン
口座番号：0093478
Visa 2819-2839-5555

受取人	日付	金額
シティ・グローサーズ	5月1日	120.00ドル
トーン・ミュージック	5月2日	50.00ドル
ハート・トラベル	5月5日	269.00ドル
ビルズ・デリ	5月10日	30.00ドル
アラディノズ・レストラン	5月15日	50.00ドル
サービス料金		25.00ドル

お支払いは6月10日に口座番号0093478から引き落としになります。
前回の明細書分は5月11日に支払済です。

[②手紙]
バスコープ銀行
デイビス・ブルバード1177番地
ガーデニア、カリフォルニア州94639

請求書の問い合わせご担当者様

拝啓
　私の明細書に記載されている50ドルの請求についてお尋ねするためにお手紙を差し上げました。手違いがあるのではないかと思います。
　私が5月2日にトーン・ミュージック・ショップで購入した金額は実は30ドルです。このミスをご確認いただきまして、私の口座に20ドルを戻していただければと思います。また、訂正された明細書もお送りいただけるようお願いいたします。
　領収書と誤りのあるクレジットカード明細書を同封いたします。
　この件を速やかに処理していただけることを希望します。

敬具
ロバート・リンディン

設問・選択肢訳

29. なぜリンディンさんは銀行宛てにこの手紙を書いたのですか。
(A) 彼は自分の買い物について全額返金してほしかった。
(B) 彼は貸し手に20ドル支払いたかった。
(C) 彼の請求明細で請求が少なすぎた。
(D) 彼の請求明細に矛盾があった。

30. リンディンさんは銀行に何をしてもらいたいのですか。
(A) 彼のクレジットカードを無効にする
(B) 20ドルを借り受け、訂正された明細書を送ってもらう
(C) 差額を支払ってもらい、新しい明細書を送ってもらう
(D) 彼のクレジットカードに20ドルを課金する

31. 銀行への支払いはいつ行われますか。
(A) 5月2日　　　　　　　　　(B) 6月10日
(C) 5月11日　　　　　　　　(D) 5月30日

32. リンディンさんは何を銀行に送りましたか。
(A) 彼の口座に入金されるお金　　(B) 彼の明細書と領収書
(C) 彼のクレジットカード　　　　(D) 銀行が署名する明細書

33. 銀行の特別料金はいくらですか。
(A) 50.00ドル　　　　　　　(B) 25.00ドル
(C) 20.00ドル　　　　　　　(D) 30.00ドル

● ボキャブラリー
- ☐ **statement** 名明細書
- ☐ **account number** 口座番号
- ☐ **payee** 名受取人
- ☐ **withdraw** 動引き出す；引き落とす
- ☐ **remit** 動（電信などで）送金する
- ☐ **bill** 動請求する
- ☐ **inquire about** 〜について問い合わせる
- ☐ **discrepancy** 名手違い；矛盾
- ☐ **credit** 動口座に入れる；返金する
- ☐ **revise** 動訂正する
- ☐ **receipt** 名領収書
- ☐ **resolve** 動解決する
- ☐ **creditor** 名債権者；貸し手
- ☐ **inconsistency** 名不一致；矛盾

Questions 34-38

34. 正解：(D)
▶ Alan RobinsonさんがJames Scottさん宛てに書いている「手紙」を見る。第1パラグラフでは「父が病気で家賃を支払えなかった」事情を説明し、第2パラグラフでは「代わりに自分が支払う」と意思表示している。第1パラグラフの内容が(D)の「彼の父親が賃貸料を支払えなかった理由を説明するため」に合致する。

35. 正解：(B)
▶「通告」の目的は、本文第1文で明示されている。長く複雑な文だが、notified that your tenancy of the premises ... is hereby terminated ...（その物件の貴殿の賃貸契約が終了したことが通告されている）という意味。第2文にはYou are ordered to surrender tenancy of the premises ...（あなたは物件の賃借権を放棄しなければならない）と、分かりやすく説明されている。(D)は表現があいまいなので、正確に表した(B)のほうを選ぶ。なお、(B)のlesseeは「賃借人」、vacateは「明け渡す」の意で問題文中のsurrenderの言い換えである。

36. 正解：(B)
▶ 立ち退きの方法については、「通告」にYou will be required to surrender the premises by personally delivering the key to the landlord or his agent.と書かれている。「(その物件の) カギを家主かその代理人に渡すことによって」ということなので、(B)が正解である。

37. 正解：(A)
▶ instructionsという言葉は、「通告」の本文の最終文で使われている。If you fail to follow these instructions, we will be allowed by law to enter the premises and physically remove your possessions.とあり、指示に従わない場合には「法律に基づき、物件内に立ち入り、あなたの所有物を物理的に排除する」ということ。enter the premisesをcome to the propertyに、remove your possessionsをdispose of its contentsにパラフレーズした(A)が正解。

38. 正解：(A)
▶ RobinsonさんのScottさんへの要望なので、「手紙」を見る。第2パラグラフでは、家賃の未払い分を支払うとしたうえで、He should be returning to the apartment in a couple of weeks, so I hope that he doesn't have to surrender his tenancy.と述べている。つまり、父親にアパートに戻れるようにしてほしいということ。return to the apartmentをgo back to the premisesと言い換えた(A)が正解である。(D)では手紙の文面と逆になってしまう。

● 訳 設問34〜38は次の通告と手紙に関するものです。

[①通告]
賃借終了通告
注記：この立ち退き通告は1981年州借家法に従ったものである。

ハロルド・ロビンソン様宛
フェアフィールド・ドライブ2900番地　202号室
ウォーカー郡
ベッズフォード、ワシントン州

　ウォーカー郡フェアフィールド・ドライブ2900番地202号室の物件に関する貴殿の賃借権が、賃貸料未納により、ワシントン州立ち退き法に示すとおり、これによって終了することをお知らせいたします。貴殿は以下に示す終了日までに物件の賃借権を放棄しなければなりません。本人がカギを家主またはその代理人に返還することによる、物件の明け渡しが求められます。

終了日：6月4日午前0時

　本命令に従わない場合には、法律の定めるところにより、当方は物件内に立ち入り、貴殿の所有物を物理的に排除することが許されます。

家主：ジェームズ・スコット
代理人：サンドラ・ヒューズ

[②手紙]
ジェームズ・スコット
グリーン・レーン288番地
ベッズフォード、ワシントン州

スコット様

　私の名前はアラン・ロビンソンです。父のハロルド・ロビンソンに代わって書いています。私は彼の転送郵便で、彼の立ち退き通告を受け取ったところです。私の父は病気で入院しています。数カ月入院しているのです。もう少し早く連絡をしなかったことをお詫びいたしますが、家族は彼の看護にとても忙しかったのです。
　家賃の未払い分の請求書と支払明細を私にお送りくださされば、早急にお支払いをいたします。彼は2週間後にアパートに戻りますので、彼の賃借権が無効とならないようお願いいたします。
　ご理解に感謝いたします。

敬具
アラン・ロビンソン

設問・選択肢訳

34. アラン・ロビンソンはなぜスコットさんに手紙を書いているのですか。
    (A) 彼の父親がこの物件を明け渡すことを彼に告げるため
    (B) 彼の父親に未払い請求書を送るよう彼に頼むため
    (C) 彼が賃貸料を受け取っていないことを彼に知らせるため
    (D) 彼の父親が賃貸料を支払えなかった理由を説明するため

35. この通告の目的は何ですか。
    (A) 物件の賃貸料の支払いを求めること
    (B) 賃借人に物件の明け渡しを命じること
    (C) 雇用契約を終了すること
    (D) この物件の賃借権について告知を行うこと

36. 賃借人はどのようにして物件から立ち退くことを求められていますか。
    (A) 法律に訴えることによって
    (B) ドアのカギを家主に渡すことによって
    (C) 未納の賃貸料を代理人に支払うことによって
    (D) ドアにカギをかけることによって

37. 賃借人が命令に従うことを拒絶する場合には、何が起こりますか。
    (A) 家主が物件内に入り、その内容物を処分する。
    (B) 家主が適切な当局に電話を入れる。
    (C) 家主が賃借人に暴力を行使する。
    (D) 家主が壁の古い塗装をはがす。

38. アラン・ロビンソンはスコットさんに何をしてほしいですか。
    (A) 彼の父親がその物件に戻ることを認める
    (B) 彼の父親が賃貸料を後で支払うことを認める
    (C) 彼の父親が病院に長くとどまることを認める
    (D) 彼の父親がアパートを退去することを認める

ボキャブラリー

- [ ] eviction notice　立ち退き通告
- [ ] **pursuant to**　〜に従って；〜に基づいて
- [ ] Tenant Act　借家法
- [ ] **notify (that)**　〜を通知する
- [ ] **premises**　名（複数で）土地；建物；家屋
- [ ] **terminate**　動終了する
- [ ] **indicate**　動指示する；指定する
- [ ] **rent**　名家賃
- [ ] **surrender**　動明け渡す
- [ ] **specify**　動明示する
- [ ] **landlord**　名家主；大家
- [ ] possession　名所持品；所有
- [ ] **on behalf of**　〜の代わりに
- [ ] forward　動転送する
- [ ] care for　〜の世話をする；〜の介護をする
- [ ] **outstanding**　形未払いの
- [ ] **pursue**　動求める
- [ ] lessee　名賃借人（←→ lessor　賃貸人）
- [ ] vacate　動明け渡す；立ち退く
- [ ] renter　名賃借人
- [ ] due　形払うべき；支払期日が来て
- [ ] dispose of　〜を処分する
- [ ] get physical with　〜に暴力をふるう

COLUMN 24 ▶ 犯罪・裁判

- [ ] defendant　名被告
- [ ] plaintiff　名原告
- [ ] prosecutor　名検察官
- [ ] indict / charge　動起訴する
- [ ] sue　動訴訟を起こす；訴える
- ◆sue for libel（名誉毀損で訴える）
- [ ] jury　名陪審
- [ ] verdict　名（陪審員の）評決
- [ ] appeal　名上訴（控訴・上告）動上訴する
- [ ] offence　名犯罪；不法行為
- [ ] litigation　名訴訟
- [ ] sentence　名判決　動判決を下す
- [ ] fine　名罰金
- [ ] juvenile　形未成年の；少年の
- [ ] prescription　名時効

Questions 39-44

39. 正解：(A)
▶Heinzさんに起こったことが問われているので、「手紙」を見る。第1パラグラフのI'm a veteran who received an injury during service and was honorably discharged as a result.からHeinzさんが「退役軍人（veteran）」であり、「服務中に負傷」して「名誉除隊」したことが読み取れる。また、最終パラグラフにPlease let me know as soon as possible when I can receive benefits.とあることから、まだ「恩給（benefits）」を受け取っていないことが分かる。(A)だけが、手紙の内容に一致する。

40. 正解：(B)
▶「手紙」の第2パラグラフに、I have heard that some veterans did not receive any benefits even though they are eligible for them. I hope that this is not the case.とある。これは「退役軍人の中には権利があるにもかかわらず恩給を受け取らない人がいるが、私はこのケースではない」という意味。この内容に合致するのが、(B)の「資格があるのに恩給を受けないこと」である。

41. 正解：(C)
▶退役軍人の定義は、「マニュアル」の第2パラグラフに書かれている。A "veteran" refers to a person who served in the Armed Forces of the United States and has not been discharged under dishonorable conditions.とあり、refer to ...は「〜を意味する」ということ。「退役軍人」とは「合衆国軍に服務して、不名誉な理由で解職されていない人」だと理解できる。「不名誉な理由で解職されていない」ということは、逆の言い方をすればhas been favorably dischargedということなので、(C)が正しい。なお、(D)の場合は、解職された（discharged）理由が不明確で、不名誉な理由である可能性もあるので、適切とは言えない。

42. 正解：(D)
▶設問のwho elseはここでは「退役軍人本人以外」と理解すべき。「マニュアル」の個条書き部分の第2項目：「障害のある退役軍人の配偶者」と、第3項目：「戦争時の服務中に死亡した退役軍人の、生存している配偶者または扶養家族」が退役軍人以外の恩給対象者である。なお、spouse（配偶者）は夫か妻のどちらか。(D)が正しい。

43. 正解：(A)
▶「マニュアル」を参照。退役軍人の要請については、To claim benefits, all eligible veterans must fill out the Employment Benefits Form 6A and submit it to the agency below.と説明されており、続いて、The agency shall verify eligibility.（その機関が資格があるかどうかを審査する）とある。verify eligibilityをsee if it is legitimateとパラフレーズした(A)が正解。

● 訳　設問39～43は次のマニュアルと手紙に関するものです。

[①マニュアル]
退役軍人恩給マニュアル

　州法の定めにより、アメリカ合衆国軍で職務を行った個人には恩給が支給される。次のマニュアルは、米国防総省に承認されたものである。

　「退役軍人」とは、合衆国軍で職務を遂行し、不名誉な理由により解職されていない者を指す。

　以下の者は恩給を受ける権利を有する。
　・戦争時に軍務に服した退役軍人
　・障害のある退役軍人の配偶者
　・戦争時の服務中に死亡した退役軍人の、生存している配偶者または扶養家族
　・戦争に関連する障害を持つ退役軍人

　恩給を要請するためには、資格のあるすべての退役軍人は恩給書式6Aに記入して、下記の機関に提出しなければならない。同機関は資格の有無を審査するものとする。

イリノイ州退役軍人恩給局
ハーディング・ウェー2778番地
スプリングフィールド、イリノイ州83022

[②手紙]
イリノイ州退役軍人恩給局
ハーディング・ウェー2778番地
スプリングフィールド、イリノイ州83022

ご担当者様

　貴局の退役軍人恩給の方針についてお聞きします。私は服務中に負傷し、結果として名誉除隊となった退役軍人です。数カ月前、私は書式6Aに記入して、貴局の部門に送付しましたが、まだ返事がありません。私は妻の書式も記入しました。

　退役軍人の中には資格があるにもかかわらず、いかなる恩給も受け取らない人がいることは承知しております。私の場合はそうではありません。私は軍隊で生涯働いてきました。もし遅れているのでしたら、その理由を知りたいのです。

　いつ私が恩給を受け取ることができるのか、早急にお知らせください。

敬具
チャールズ・ハインズ

設問・選択肢訳

39. ハインズさんに何が起こりましたか。
　(A) 彼は軍隊で負傷した。　　　　　(B) 彼の恩給は遅れて届いた。
　(C) 彼の恩給は彼の妻に送られた。　(D) 彼は不名誉除隊の処分を受けた。

模擬テスト4＞正解と解説

40. ハインズさんは何を心配していますか。
    (A) 彼の申請が遅れていることを知らされないこと
    (B) 資格があるのに恩給を受け取らないこと
    (C) 軍隊で生涯働くこと
    (D) 彼の妻のために複写書式に記入すること

41. だれが退役軍人と見なされますか。
    (A) 軍隊に服務して、反逆罪で起訴された人
    (B) 軍隊に服務して、不名誉な理由で解職された人
    (C) 軍隊に服務して、適切な形で除隊した人
    (D) 軍隊に服務して、何らかの理由により解職された人

42. 他のどんな人が恩給を受ける権利がありますか。
    (A) 有給で採用されている退役軍人　　(B) 身体障害の退役軍人のすべての親族
    (C) 軍隊に服務したことがない退役軍人　(D) 戦争で負傷した退役軍人の夫または妻

43. この機関は退役軍人の要請をどうしますか。
    (A) それが正当かどうかを確かめるため審査する
    (B) 彼らがそれを受け取ったことを審査する
    (C) 審査することなく恩給を支給する
    (D) 退役軍人の配偶者とともにそれを審査する

ボキャブラリー

- ☐ **veteran** 名退役軍人　　☐ **authorize** 動承認する
- ☐ Department of Defense　（米）国防総省；国防省
- ☐ refer to　〜を意味する；〜を指す；〜と言う
- ☐ **discharge** 動解職する　　☐ **dishonorable** 形不名誉な
- ☐ **eligible** 形資格のある；権利のある
- ☐ **spouse** 名配偶者　　☐ **disabled** 形障害のある
- ☐ **dependent** 名扶養家族　　☐ disability 名障害
- ☐ **fill out** 記入する　　☐ **verify** 動審査する
- ☐ regarding 前〜に関して　　☐ duplicate 形複製の
- ☐ treason 名反逆罪；裏切り　　☐ favorably 形適切に；好ましく
- ☐ be gainfully employed　有給で雇用された
- ☐ **legitimate** 形基準に合った；適法の
- ☐ verification 名審査；立証

Questions 44-48

44. 正解：(B)
▶「手紙」の目的が明確に述べられているのは、第2パラグラフ冒頭のI would like either an exchange or repairs made to the bag if possible.である。ここから、「交換（exchange）」か「修理（repairs）」を望んでいることが分かる。(B)の「交換または修理を基本にした交換を求めること」が正解。

45. 正解：(C)
▶「手紙」の第1パラグラフ後半に、I have tried to contact your customer service department as indicated on your warranty, but haven't had any luck. No one ever answers, ...という記述がある。「顧客サービス部に連絡しても、だれも出なかった」ということ。(C)が最適。(A)、(B)、(D)はいずれも手紙の内容に反する。

46. 正解：(C)
▶「保証書」本文の冒頭から、適用対象は「革製のブリーフケース（leather briefcases）」で、かつ「当社から直接購入されたもの（bought directly from us）」。また、第2文で、「購入から30日以内（For the first 30 days after purchase of the briefcase）」なら、「いかなる理由であれ満足しない場合（for any reason you are not satisfied with the purchase）」または「購入者の不適切な使用によらない不具合がある（it has a defect that is not a result of abuse by the purchaser）」場合には、交換または返金に応じる——すなわち保証対象になるとしている。これら条件に合致するのは(C)のみ。(B)のcustom-made（注文製品）については、最終文から適用対象でないことが分かる。

47. 正解：(A)
▶前問の解説を参照。(A)の「30日以内でその人が商品に満足しない場合」のみ、保証対象となる。

48. 正解：(B)
▶「保証書」の後半にある ... we will refund the purchase price, less shipping and handling.に注目。less ... は「…を差し引いて」という意味。これをtake ... out of～（…を～から差し引く）というイディオムを使って言い換えた(B)が正しい。

●訳

設問44～48は次の保証書と手紙に関するものです。

[①保証書]
バッグズ・アンリミテッド保証書
エグゼクティブ・ブリーフケース

　この30日間の保証は、当社から直接購入された革製のブリーフケース（商品名：「エグゼクティブ・ブリーフケース」）に適用されます。本ブリーフケース購入後30日間については、いかなる理由であろうと購入品に不満足な場合、または購入者の不適切な使用によらない不具合がある場合に、(634) 732-8299の顧客サービス係までご連絡いただければ、交換または返金をさせていただきます。当社が商品を受け取りましたら、配送費・手数料を差し引いた購入額を返金いたします。場合によっては、修理による交換をお願いすることがあります。本保証は注文製品の場合には適用されません。

[②手紙]
バッグズ・アンリミテッド
ハーディング・ドライブ3782番地
ジェームズタウン、ペンシルバニア州

ご担当者様

　私は貴社の革製ブリーフケースを2週間前に購入しましたが、昨日ストラップが壊れました。このブリーフケースを使う機会は数回しかありませんでしたので、私の不適切な使用や使いすぎでそうなったとは考えられません。貴社の保証書の指示にしたがって貴社の顧客サービス部に連絡をとらせていただきましたが、うまくいきませんでした。一度も応答がないので、私は保証書上の電話番号が間違っているのではないかと思います。
　交換か、もし可能ならバッグの修理をお願いしたいと思います。この手紙と一緒にバッグを送ります。また、保証書と領収書も同封いたしました。私は貴社の商品には全般的に満足していますので、このバッグをできるかぎり早く受け取りたいと考えています。
　お返事を待っております。

敬具
ステイシー・ブラウン

同封物あり

設問・選択肢訳

44. この手紙の目的は何ですか。
(A) 商品が満足のいくものだと会社に知らせること
(B) 交換または修理を基本にした交換を求めること
(C) 間違った電話番号について会社に知らせること
(D) 返金を受けること

45. ブラウンさんの抱えている問題は何でしたか。
(A) 彼女は彼女のバッグの不適切な使用と使いすぎで非難された。
(B) 彼女はバッグのオリジナルの領収書を持っていなかった。
(C) 彼女は顧客サービス部に連絡ができなかった。
(D) 彼女は購入したときからそのバッグを使うことができなかった。

46. この保証書は何に適用されますか。
(A) 30日を超えたケース
(B) 注文製品のケース
(C) 製造業者から購入したケース
(D) 購入者に不適切に使用されたケース

47. 顧客はどんな状況下で保証を請求できますか。
(A) 30日以内でその人が商品に満足しない場合
(B) 30日以内にその人がその商品を壊した場合
(C) 2個以上のケースを購入した場合
(D) 30日間を経過した場合

48. この会社は配送・手数料についてはどうしますか。
(A) 彼らはそれを返金金額に上乗せする。
(B) 彼らは返金金額からそれらを差し引く。
(C) 彼らはそれらを無視する。
(D) 彼らは別の会社にそれらを支払うように要請する。

●ボキャブラリー

- □ **defect** 名欠陥；不具合
- □ **abuse** 名誤用；乱用
- □ **purchaser** 名購入者
- □ **refund** 名返金
- □ **replacement** 名交換
- □ **custom-made** 形顧客の注文による
- □ **strap** 名ストラップ；ひも
- □ **overuse** 名酷使；乱用
- □ **indicate** 動示す
- □ **have luck** うまくいく
- □ **merchandise** 名商品
- □ **in general** 概して；一般的に
- □ **wait out** 〜が過ぎ去るのを待つ
- □ **take ... out of 〜** …を〜から差し引く

●ボキャブラリー・チェック

COLUMN 25 ▶ 株式

- [ ] boost 動押し上げる；上昇させる 名上昇
- [ ] fluctuate 動上下動する
- [ ] surge 動急騰する 名急騰 ◆「急騰」の類義語：balloon / soar / spurt / upsurge / jump
- [ ] tumble 動急落する ◆「急落」の類義語：plummet / plunge / dive / nosedive / free-fall
- [ ] brokerage 名証券会社 ◆brokerage firm / house とも言う
- [ ] consecutive 形連続した
- [ ] rally 名大商い；反騰
- [ ] sluggish 形不振な；停滞した
- [ ] bull 形強気市場の ◆bear 形弱気市場の
- [ ] profit-taking 形利食いの
- [ ] dividend 名配当
- [ ] underwriter 名引受業者
- [ ] go public 株式を公開する
- [ ] bourse 名欧州の株式市場 ◆フランス語より
- [ ] institutional investor / buyer 機関投資家
- [ ] speculation 名投機
- [ ] manipulation 名株価操作；市場操作 ◆manipulate 動操作する；操る
- [ ] leading indicator 先行指標

ボキャブラリー・チェック

COLUMN 26 ▶ 景気

- [ ] booming / buoyant / vigorous / robust　形好景気の
- [ ] depressed / sluggish / stagnant / languid / faltering　形不景気の
- [ ] upturn　名（景気の）上昇（⟷downturn）
- [ ] lingering　形長引く
- [ ] sustainable　形持続可能な
- [ ] doldrums　名沈滞；低迷
- [ ] fiscal　形財政の　◆monetary and fiscal policies（金融・財政政策）
- [ ] stimulus　名刺激　◆stimulus packages（景気刺激策）
- [ ] hollowing-out　名産業の空洞化
- [ ] unemployment rate　失業率
- [ ] fall through the bottom　底割れする
- [ ] capital investment　設備投資

● 著者紹介

成重　寿 Hisashi Narishige

1958年、三重県鳥羽市生まれ。一橋大学社会学部卒業後、英語教育出版社に勤務し、書籍・雑誌の編集や通信教育の開発に携わる。96年から3年間、フィリピン・マニラにて日系企業向け情報サービス事業に従事。帰国後、独立して、TOEIC関連書籍などの企画・編集のほか、翻訳・ライティングなどを幅広く手がけている。著書に『新TOEIC TESTリーディング スピードマスター』、『新TOEIC TEST総合 スピードマスター』『TOEIC TEST英単語 スピードマスター』（以上、Jリサーチ出版）等

執筆協力	ビッキー・グラス
カバーデザイン	滝デザイン事務所
校正協力	三浦静恵
	佐藤美和子

新TOEIC® TEST リーディング問題集

平成18年（2006年）6月10日　初版第1刷発行
平成21年（2009年）4月10日　　　第8刷発行

著　者	成重　寿
発行人	福田 富与
発行所	有限会社 Jリサーチ出版
	〒166-0002 東京都杉並区高円寺北2-29-14-705
	電話 03(6808)8801(代) FAX 03(5364)5310
	編集部 03(6808)8806
	www.jresearch.co.jp
印刷所	㈱シナノ
DTP	江口うり子（アレピエ1）

ISBN978-4-901429-35-1　　禁無断転載。　　© Hisashi Narishige 2006 Printed in Japan

ハイスコアをとるために Jリサーチ出版の 新TOEIC® TEST関連書

TOEIC is a registered trademark of Educational Testing Service (ETS). This publication is not endorsed or approved by ETS.

ステップ1 試験を知り、戦略を立てる

ワンポイントアドバイス
テスト形式を知り学習計画を立てよう

新TOEIC® TEST 総合スピードマスター入門編 （CD付）
はじめて受ける人のための全パート・ストラテジー
新テスト7つのパートの全貌をピンポイント解法でわかりやすく伝授。模擬試験1回分つき。正解・解説は別冊。
成重 寿／ビッキー・グラス／柴山かつの 共著
定価 1470円（税込） **New Version対応**

新TOEIC® TEST 学習スタートブック ゼッタイ基礎攻略編 （CD付）
はじめて受ける人のためのとっておき学習ガイド
TOEICテスト対策の「3ヶ月学習プラン」と「スコアアップできるゼッタイ攻略公式」がひと目でわかる。模擬試験1回分付。
柴山かつの 著
定価 840円（税込） **New Version対応**

ステップ2 頻出単語をマスターしよう

ワンポイントアドバイス
オフィス英語の攻略が決め手

TOEIC® TEST 英単語スピードマスター （CD2枚付）
7つの戦略で効率的に完全攻略 頻出3000語
TOEICテスト全分野の頻出語彙3000語をTOEICスタイルの例文でマスターできる。CD2枚でリスニングにも対応。
成重 寿著 定価 1470円（税込）

TOEIC® TEST 英単語・イディオム直前350
頻出単語だけをピンポイントチェック!
試験前に絶対覚えておきたい頻出重要単語・イディオム350を7日間の学習プログラムでマスターできる。
安河内 哲也著 定価 1050円（税込）

ステップ3 分野別に攻略しよう リスニング・英文法・リーディング

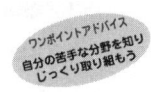

ワンポイントアドバイス
自分の苦手な分野を知りじっくり取り組もう

新TOEIC® TEST リスニングスピードマスター （CD付）
1日2解法ピンポイント集中攻略で900点をめざす
リスニングパート別出題スタイル対策を20の解法でマスター。10日間学習プログラムで構成。一般リスニング学習としても最適。
成重 寿著 定価 1575円（税込） **New Version対応**

新TOEIC® TEST 英文法スピードマスター **New Version対応**
1問30秒 驚異のスピード解法で900点をめざす
頻出パターンを短時間で解く訓練が高得点につながる。著者のツボをおさえた解説が魅力。
安河内 哲也著 定価 1470円（税込）

新TOEIC® TEST リーディングスピードマスター **New Version対応**
48問48分 Part VII 全問解答で900点をめざす
試験必出5つの問題スタイル解法を知ることで全問解答できる。訳読式から情報サーチ型の解法を身につける。
成重 寿著 定価 1470円（税込）

ステップ4 出題パターンに慣れる――問題を多く解こう

ワンポイントアドバイス
解答時間にこだわろう

新TOEIC® TEST リスニング問題集 （CD2枚付）
Part 1～4 スピードマスター900点をめざす
リスニングセクションPart1～4の実戦対策問題集。完全模試3回分を実践できる。詳しい解説で解答プロセスがはっきりわかる。
ビッキー・グラス 著 定価 1680円（税込） **New Version対応**

新TOEIC® TEST 英文法問題集集中攻略
ひと目でわかる頻出パターン 730点をめざす!
試験に出る頻出問題のみを精選。「直前ポイント集」は試験で特に狙われやすい文法項目を掲載。7日間の学習プログラムで構成。
安河内 哲也著 定価 1260円（税込） **New Version対応**

新TOEIC® TEST 英文法・語法問題集 **New Version対応**
Part 5&6 スピードマスター900点をめざす
TOEICテストパート5と6と7問の問題集で完全攻略。解答・解説は別冊。重要単語1000語と頻出項目のまとめつき。
安河内 哲也・魚水 憲 共著 定価 1470円（税込）

新TOEIC® TEST リーディング問題集 **New Version対応**
Part 7 スピードマスター900点をめざす
Part7の様々なタイプの文章をマスターするための1冊。4回分の模擬テストと解法プロセスが見える詳しい解説を掲載。
成重 寿著 定価 1470円（税込）

新TOEIC® TEST スピードマスター完全模試 （CD3枚付） **New Version対応**
本番のリアルな雰囲気で3回挑戦できる!
模擬試験3回分と詳しい解説つき。本試験と同じ問題のレイアウト。模擬試験1回分にCD1枚だけだからCDをかければそのままテスト時間がスタート。
ビッキー・グラス 著 A4判/定価 1890円（税込）

新TOEIC® TEST 直前対策模試 （CD付）
7日間完全マスター
短期間で確実に100点以上アップする! 7日間完全学習プログラムに厳選された頻出問題ばかりを例文と模擬試験に収録。「直前対策ポイント40」は受験生必携。1回分の完全模擬試験付。
柴山かつの 著 B5判/定価 840円（税込） **New Version対応**

Jリサーチ出版 〒166-0002 東京都杉並区高円寺北2-29-14-705 TEL. 03-6808-8801 FAX. 03-5364-5310　　**全国書店にて好評発売中!**

語学を学ぶ楽しさを発見！ Jリサーチ出版の"ゼロからスタート"シリーズ

ゼロからスタート 英単語 BASIC1400 CD2枚付
だれにでも覚えられるゼッタイ基礎ボキャブラリー
1冊で実用英語の基本語を全てカバー。例文は日常会話でそのまま使えるものばかり。CDは見出し語を英語で、意味を日本語で、例文を英語で収録。
成重 寿　妻鳥千鶴子 共著　A5変形／定価1470円（税込）

ゼロからスタート ライティング CD付
だれにでもわかる英作文の基本テクニック
日本語を英文に書くためのプロセスを親切に解説。スタイル編とテクニック編の2部構成。CDには日本語講義と英語例文を収録。
魚水 憲著　A5判／定価1470円（税込）

ゼロからスタート 英会話 CD付
だれにでも話せる基本フレーズ50とミニ英会話45
英会話を基礎から学習するために、ファンクション別に50の基本フレーズを、場面別に45のミニ英会話をマスターできる。CDには日本語で講義を、英語で例文を収録。
妻鳥 千鶴子 著　A5判／定価1470円（税込）

ゼロからスタート ディクテーション CD付
毎日10分の書き取り練習がリスニング力を驚異的に向上させ
リスニング力を向上させるには量より質。自分の理解できる語を1日10分、集中して書き取る練習がリスニング力を驚異に飛躍させる。
宮野 智靖 著　A5判／定価1470円（税込）

ゼロからスタート 英文法 CD付
だれにでもわかる鬼コーチの英語講義
実用英語に必要な英文法をカリスマ講師の講義スタイルでやさしく解説。文法用語にふりがな付き。CDは聞くだけで英文法の総復習ができるように解説と例文を収録。
安河内 哲也 著　A5判／定価1470円（税込）

単語でカンタン！旅行英会話 CD付
10フレーズに旅単語をのせるだけでOK
旅先で必ず使う超カンタンな10フレーズに単語を置き換えば相手に通じる。
全てのフレーズ・単語にカタカナ・ルビ付。
PRESSWORDS 著　四六判変形／定価1050円（税込）

ゼロからスタート リスニング CD付
だれにでもできる英語の耳づくりトレーニング
英語リスニング入門者のために書かれた、カリスマ講師によるトレーニングブック。英語が"聞き取れない耳"を"聞き取れる耳"へ改造してしまう1冊。CDには日本語で講義を、英語で例文・エクササイズを収録。
安河内 哲也 著　A5判／定価1470円（税込）

すぐに使える 英会話 超入門編 CD付
60の基礎フレーズを覚えればだれでも英語が話せちゃう
60の基本フレーズをCDによる繰り返し音読練習をすることでスラスラ話せるようになる。発音とリスニング力も上達。大きな文字とイラスト付。70頁なので完全消化できる。
妻鳥 千鶴子 著　B5判／定価630円（税込）

ゼロからスタート リーディング CD付
だれにでもわかる6つの速読テクニック
学校では教えてくれない速読テクニックを初めての学習者のために親切に解説。
CDは聞くだけでリーディングの学習ができる。
成重 寿 著　A5判／定価1470円（税込）

リスニングの基礎 超入門編 CD付
「英語の耳」をつくる7つのとっておきレッスン
本書は7つのレッスンで、基本的な英語の音を無理なくマスターできる。リスニング学習の入門書として内容・ボリューム価格とも最適。
妻鳥 千鶴子 著　B5判／定価630円（税込）

ゼロからスタート各国語シリーズ

ゼロからスタート 中国語 文法編 CD付
だれにでもわかる文法と発音のルール
初めて中国語を勉強する人のための入門書。
40の文法公式・ピンイン・四声をすっきりマスターできる。CDは例文と日本語講義で総復習できる。
郭 海燕・王 丹 共著　A5判／定価1470円（税込）

ゼロからスタート 韓国語 文法編 CD付
だれにでもわかるハングルと文法の基本ルール
韓国語ビギナーのための本当にやさしい入門書。
文法の基礎・発音・ハングルが確実に身につく。
CDには例文と解説を収録。
鶴見 ユミ 著　A5判／定価1470円（税込）

ゼロからスタート 中国語 文法応用編 CD付
初級から中級にステップアップする34の文法ルール
34の公式で基礎を固める。文法用語にふりがな、中国語例文にカタカナつき。書いて覚える練習問題で、漢字も自然に身につけられる。CDには例文と解説を収録。
郭 海燕・王 丹 共著　A5判／定価1470円（税込）

ゼロからスタート 韓国語 会話編 CD付
だれにでも話せる基本フレーズ20とミニ会話36
キーフレーズと基本的な活用を覚えれば、
日常会話・旅行会話をマスターできる。
鶴見 ユミ 著　A5判／定価1470円（税込）

単語でカンタン！旅行中国語会話 CD付
10フレーズに旅単語をのせるだけでOK
旅先でよく使われる10フレーズに置き換え単語をのせるだけで、だれでも旅行中国語会話ができる。
郭 海燕・王 丹 共著　四六判変形／定価1050円（税込）

韓国語学習スタートブック 超入門編
3週間でだれでも韓国語の基礎がマスターできる
韓国語の学習をどのように進めていけばよいか一目でわかり3週間のプログラムで無理なく基礎がマスターできる。
安 垠姫 著　B5判／定価1050円（税込）